# 阅天下

YUETIANXIA

XINLISHI FANGWEIXIA DE
ZHONGGUO

## 新历史方位下的中国

人民日报海外版总编室◎编

人民出版社

责任编辑：洪　琼

**图书在版编目（CIP）数据**

阅天下：新历史方位下的中国／人民日报海外版总编室　编 . — 北京：
人民出版社，2019.6

ISBN 978 - 7 - 01 - 020664 - 6

I.①阅…　II.①人…　III.①社会问题－研究－中国　IV.① D669

中国版本图书馆 CIP 数据核字（2019）第 065774 号

## 阅 天 下
### YUE TIAN XIA
——新历史方位下的中国

人民日报海外版总编室　编

**人民出版社** 出版发行
（100706　北京市东城区隆福寺街 99 号）

北京汇林印务有限公司印刷　新华书店经销

2019 年 6 月第 1 版　2019 年 6 月北京第 1 次印刷
开本：710 毫米 ×1000 毫米 1/16　印张：14.75
字数：230 千字　印数：00,001-10,000 册

ISBN 978 - 7 - 01 - 020664 - 6　定价：49.00 元

邮购地址 100706　北京市东城区隆福寺街 99 号
人民东方图书销售中心　电话（010）65250042　65289539

# 目 录
## CONTENTS

# 1. 让人们敢生愿生"二孩"

————— 核心阅读 —————

二孩出生数量增加和一孩出生数量减少，二者相抵，造成总和生育率提升不明显。

人口结构出现过快减少或过快增加，都会导致不平稳、不协调现象，从而影响国家经济结构和社会结构稳定。

对待人口问题，不宜只看相对数，也不宜只看绝对数。不仅要从人口规模和经济角度考虑，还要重视社会、文化、历史因素，防范偏激的人口政策带来不可预知的后遗症。

"一个孩子太孤单了。"在北京某事业单位工作的王林（化名）和妻子一年前下定决心，生下第二个女儿。"生孩子前，我就跟爱人商定，二孩出生后她就不要工作了，全心全意照顾孩子。"王林坦言，在北京这样的大城市，经济和时间成本是决定是否生二孩的主要制约因素。

"全面二孩"政策实施三年多来，虽然面临很多现实困难，但像王林这样下定决心生二孩的家庭正在增多。

《国家人口发展规划（2016—2030年）》指出，中国生育率已较长时期处于更替水平以下，从长期看，生育水平存在走低风险。近年来，根据中国人口发展变化趋势，中央作出"单独二孩""全面二孩"等调整完善生育政策的重大决策部署，人口和计划生育工作取得新成效。

为了让更多家庭"敢生二孩""愿意生二孩",各地也在努力。2018 年 6 月底,辽宁省提出探索对生育二孩家庭给予更多奖励政策,陕西省统计局建议出台鼓励生育措施……

"人口是一个国家的基础性资源。"多名受访专家表示,随着调整完善生育政策效果持续显现,中国总和生育率将会逐步提升并稳定在适度水平,避免掉入"低生育率陷阱"。同时,考虑到人口变化及其影响具有的滞后性,未来中国将更加重视人口结构调整,通过一系列政策设计,保障人口世代平稳更替。

## 二孩政策实施效果明显

一年前痛下决心生下二孩的王林,如今越来越确信自己的选择是正确的。"二孩生了以后,我的第一个孩子很快意识到自己多了一个妹妹,变得懂担当、会分享,家里更热闹更温馨了。"

王林说,国家全面放开二孩生育后,周围朋友、同事选择生二孩的不少。当然,很多人一开始还是比较犹豫的,怕没有足够精力和资金,怕孩子没人照看、无法接受更好的教育,等等。对于这些问题,王林看得很开:"我们对孩子没有太高要求,只要她健康成长就行。"

不过,也有一些家庭并不像王林这样看得开,诸多现实压力让他们打消了生二孩的想法。

在北京一家互联网公司工作的陈静最近做了一个痛苦的决定:放弃生二孩。她说:"主要是因为父母年纪大了,照顾二孩比较吃力,也怕影响到家庭和睦;再加上我身体不太好,属于高龄产妇,就放弃了。"

据她估计,周围很多准备生二孩的朋友,因为经济问题选择了放弃,"现在养孩子太精细了,养两个的负担还是很重的"。

人们的顾虑、选择，汇集成这些年中国二孩出生人数的起伏变迁。从"单独二孩"到"全面二孩"，我国生育政策的调整到底对出生人口产生了很大影响。

国家统计局 2018 年初公布的数据显示，2016 年和 2017 年，中国出生人口分别为 1786 万人和 1723 万人，比"全面二孩"政策实施前的"十二五"时期年均出生人数分别多出 142 万人和 79 万人。2017 年二孩出生人数比 2016 年增加 162 万，达 883 万，占全部出生人口比重超过一半。不过，2017 年一孩出生人数 724 万，比 2016 年减少 249 万。

"二孩政策实施以来，二孩出生人数在预期内，但稍低于我们的判断。"中国社会科学院人口与劳动经济研究所研究员王广州领导的课题组，曾承担了原国家卫计委委托的"单独二孩""全面二孩"政策影响预判研究工作。他对记者表示，从目前数据看，一方面，二孩出生数据增加，抑制了此前多孩生育率和二孩生育率的下降趋势；另一方面，一孩生育率下降过快。此前一孩生育率变化很小，但近年来不仅一孩生育人数减少，生育率也在下降，需要高度重视。

"总的来看，二孩出生数量增加和一孩出生数量减少，二者相抵，造成总和生育率提升不明显。"王广州说。

总和生育率指一国或地区妇女育龄期间，每个妇女平均生育的子女数量。国际上一般认为，总和生育率达 2.1，是一国实现和维持代际更替的基本条件。总和生育率低于 1.5 被称为"低生育率陷阱"，低于 1.3 为"极低生育率"，对人口更替和未来发展不利。

21 世纪以来，中国总和生育率在 1.5 至 1.6 之间。二孩政策实施后，原国家卫计委 2017 年发布的数据显示，2016 年，中国总和生育率提升至 1.7 以上。

"近年来，我国二孩政策的实施对二孩生育还是有比较明显效果的。但从长期看，总和生育率长时期处于更替水平以下，生育水平存在走低的风险非常大。我们需要继续审时度势、积极稳妥地进行调控，保障人口世代平稳更替。"王广州说。

## 防止人口结构变化过快

据估算，二孩政策实施前，一孩每年出生人数为 900 万—1000 万左右，二孩每年出生 500 万—600 万左右，三孩及以上每年出生在 100 万左右。2017 年一孩出生人数减少，掩盖了增加的二孩出生人数，造成总体出生人口数减少以及总和生育率走低。

那么，中国新出生人口特别是一孩数量近年来为何会大幅减少呢？

国家统计局人口和就业统计司司长李希如表示，这和中国近年来育龄妇女人数逐年减少有关。2017 年，15—49 岁育龄妇女人数比 2016 年减少 400 万人，其中 20—29 岁生育旺盛期育龄妇女人数减少近 600 万人。同时，随着经济社会发展，中国妇女初婚和初育年龄呈现不断推迟趋势，妇女生育意愿也有所下降。

"需要注意的是，生育行为是一种社会、文化和经济选择行为。"中国人民大学社会与人口学院教授陆益龙对记者表示，影响人们生育意愿的因素，不仅有养育子女的成本压力，还有多种现实因素。比如，现代教育体制、城市生活方式和生活压力，普遍推延了城市居民结婚与生育年龄，也影响到人们的生育观念，导致了出生率降低。

"比如在大城市，很多人生育第一胎的年龄普遍偏高，大大降低了育龄夫妇生二胎的意愿。"陆益龙说。

王广州认为，人们受教育程度快速提升和城市化水平提高，对人的发展来说绝对是好事；但人们对生育的看法也会随之发生改变，从数据上会造成生育率下降。他同时坦言，"这也是发达国家的普遍现象，简单说就是，有政策也不生了；鼓励生育，效果和作用也不大了。"

"我们担心的是，人口结构出现过快减少或过快增加，都会导致不平稳、不协调现象，从而影响国家经济结构和社会结构稳定。"王广州说。

北京大学人口研究所教授穆光宗对记者表示，从长期看，生育率过低会造成人口代际失衡，人口活力和创新力萎缩等，并由此引发严重少子化和快速老龄化并行、性别比例失调和婚配挤压、城乡和区域之间人口分布不均衡等社会问题。

他认为，对于目前国内一些发达地区出现的极晚婚、极晚育、极少育趋势，一些地方出现的"被动性晚婚晚育""选择性独生优生"现象，政府要足够重视起来。

## 生育政策调整要打"组合拳"

多名受访者表示，生二孩与否主要看家庭成员的意愿、经济能力和现实条件。养育成本、由谁来带、职场压力……一连串问题使很多想生二孩的家庭望而却步。

王林说，婴幼儿托管是他最关心的问题。目前，由于中国婴幼儿托管行业发展滞后，在3岁上幼儿园之前，很多孩子往往只能在家由老人或家人专门照看。

可见，只有解决了人们生育前后面临的诸多现实问题，才能让更多人"敢生二孩""愿生二孩"。

为此，2018年6月25日，辽宁省政府印发《辽宁省人口发展规划（2016—2030年）》，提出建立完善生育支持、幼儿养育等全面二孩配套政策。包括完善生育家庭税收、教育、社会保障、住房等政策，探索对生育二孩的家庭给予更多奖励政策，等等。

2018 年 6 月 29 日，陕西省统计局发布《陕西省 2017 年人口发展报告》。该报告建议出台鼓励生育措施，通过对生育进行补贴奖励等方式提高生育意愿，同时积极完善配套政策措施、提升孕产医护水平、优化幼儿养育环境。

2018 年 8 月 2 日，湖北省咸宁市出台全面两孩配套政策，鼓励将二孩及以上产妇产假延长至 6 个月，同时报销费用，试行弹性工作制等。

而根据 2016 年底发布的《国家人口发展规划（2016—2030 年）》，2020 年，我国总和生育率将达到 1.8。《规划》同时要求科学评估经济增长和社会发展对生育行为的影响，做好全面二孩政策效果跟踪评估，密切监测生育水平变动态势，做好政策储备，完善计划生育政策。

王广州认为，结合国际经验来看，许多进入"低生育率陷阱"的国家，采取了许多鼓励生育的措施，千方百计鼓励生育，但收效不大。从我国目前的人口形势和生育状况的变动趋势来看，短期内鼓励生育举措可能会产生一些暂时性的效果，但从长期看，建立完善的政策应对，才是根本举措。

"接下来，我们应该正确研判人口变动的趋势和特点，提前谋划全局或局部人口阶段性增减带来的问题。比如，为应对局部性出生高峰，各地应提前配备足够的满足婴幼儿出生、成长、受教育的基础设施；对于持续出生人口规模萎缩地区，也需要做好相关的公共服务和资源的再配置。"王广州说。

陆益龙认为，对待人口问题，不宜只看相对数，也不宜只看绝对数。不仅要从人口规模和经济角度考虑，还要重视社会、文化、历史因素，"要防范偏激的人口政策带来不可预知的后遗症"。

他建议，未来生育政策调整应更具弹性而非"一刀切"，要注重打"组合拳",不仅要鼓励人们生育二孩,还要在出生、迁移、就业、保障等多方面作出相应调整。

"在低生育意愿—高生育成本时代,生育不仅仅是个人私事,也是关系国家长治久安的大事,我国急需全方位构建起一个人口友好、生育友好、儿童友好、家庭友好和老年友好的统一的政策、制度和社会价值体系。"穆光宗说。

（彭训文）

## ◇ 评论: 生娃是家事也是国事

一到周末,看看各个商场儿童游乐园里面的小孩子,咿咿呀呀,蹦蹦跳跳,虽然吵闹,但是看着一张张稚嫩的面孔和散发的朝气,心里总是暖融融的。即使有再多不快,也会暂时一扫而光。孩子是天使和开心果,是每个家庭的掌上明珠。但是如今生孩子却成了一件吸引全社会关注的事情。

20 世纪 80 年代,计划生育被列为中国的基本国策,提倡"晚婚、晚育、少生、优生"。计划生育政策实施以来,中国少生了 4 亿人,有效缓解了人口对资源、环境的压力,有力地促进了经济发展和社会进步。

2013 年,中共十八届三中全会决定,实施单独二胎政策,即夫妇一方为独生子女的可以生育二胎。2015 年,中共十八届五中全会决定,全面实施一对夫妇可生育两个孩子政策,积极开展应对人口老龄化行动。

2018 年初,国家统计局公布了中国 2017 年新生人口数据。数据显示,2017 年中国出生人口 1723 万人,比 2016 年减少 63 万。人口出生率为 12.43‰，比 2016 年下降了 0.52‰。

为促进人们生育，最近，许多省份在其人口规划中透露要制定政策鼓励生育，社会上要求全面放开生育的呼声越来越高。但是，网友似乎不是很买账。尤其是在城市，生孩子的成本越来越高，从出生到上学，经济成本、时间成本都在不断上升。孩子在上学之后，一个暑假的兴趣班就要花费数万元。因此，在城市生活的许多年轻人，并不愿意要孩子。

但低出生率对经济社会的影响开始不断显现。中国的人口红利基本已经用完，老龄化加剧，用工成本上升，社会保障压力大……要解决这些问题，不能仅仅靠家庭自觉，还应该制定更为完整的体制机制。说白了，生娃不只是家庭自己的事，也是国家大事。

为保证鼓励生育政策的落地，有些省份表示要在鼓励生育上制定政策，这无可厚非；但更应该注意的是，要把政策落到实处，而不是画饼充饥。要让适育夫妇切实感受到政策福利，提高生育意愿。

为此，应健全社会保障，让"不敢生"变为"敢生"。很多年轻人不敢生孩子，是因为生不起，需要投入的精力和成本有点超过年轻人所能承受的范围。这主要集中在教育、医疗等方面。如果政府能够在这些方面建立品质优良、价格实惠的公共社会保障，那么对于消除年轻人生育顾虑将会产生正向影响。

生育孩子对于中国人来说有着特殊意义。不想生育只是很多人面对巨大现实压力而被动选择的一种生活方式。中国依靠庞大的人口红利实现了大发展，而面对低生育率，政府应该采取更有针对性的措施加以解决，满足人民对美好生活的向往和追求。

（张一琪）

# 2. 社会需要啥样的性别气质

**核心阅读**

阴柔之风是荧屏竞争、媒体造星行为的策略性转换而形成的暂时性结果。阴柔文化是当今多元文化、多样审美的组成部分，并没有占据主要或统治地位，仍属于从属地位。从整体看，当代青年的身型、体质、健康行为、责任意识、担当能力均在不断优化。

要警惕过度娱乐化思想对大众特别是青少年的侵蚀，媒体应多宣传人生责任、家国责任，让人们从内心迸发出积极上进的正能量。

正是因为人的性格发展应该符合多元化价值观，所以更不能为了迎合潮流文化、刺激文化消费、吸引眼球而助长"阴柔之风"蔓延，甚至出现"一边倒"的性别气质。

"女性柔美，男性阳刚"是中国传统的性别审美标准和性别气质。近几年来，随着一些年轻男演员占据荧屏，一些男性在服装、发式乃至心理上逐渐"女性化"，性别模糊趋势逐渐加剧。有人认为，社会中"阴柔之风"盛行令人担忧；有人则认为这是一种时尚和进步，无需多虑。

近日，某知名歌手在担任一档时下流行的电视音乐选秀节目导师时说，男生应找回男生该有的荷尔蒙。这一言论迅速引发很多网友关于"阴柔之风"是否盛行及该风是喜是忧的争论。

记者对多名受访者进行的调查显示，认为"阴柔之风"盛行、"阳刚之气"下降的比例高于持反对意见的人，两者都占两成多，持中立态度的占四成。超过 1/4 的受访者确认身边存在有"阴柔之风"的男性。那么，究竟应如何正确看待这一现象？我们的社会需要什么样的性别气质？记者进行了采访。

## 多元文化有利孩子成长

当前社会是否"阴柔之风"过盛、"阳刚之气"下降呢？

在记者调查中，约 28% 的受访者对此持赞同态度。在北京市某建筑企业工作的小刘认为，社会上"阴柔之风"现象的确有盛行趋势，这主要和当下很多男演员在影视剧中和公众面前表现得过于"女性化"有关，"比如很多男演员爱美、爱打扮，说话娇滴滴的，甚至有兰花指、捂嘴笑等女性化动作，引发很多男性特别是青少年模仿"。

受此影响，现实生活中很多男性开始化浓妆、描眼眉眼线、涂口红、割双眼皮，甚至从性格上、心理上和思维方式上变得柔弱、怯懦，等等。在北京某小学担任教师的黄先生担忧地说，现在学校中一些男孩衣着打扮趋向"女性化"，外形柔美，有些男孩在面对困难、任务时还不如女孩表现得大方、有担当。

中国青少年宫协会儿童媒介素养教育研究中心主任张海波在接受记者采访时表示，当前一些娱乐节目、影视作品中确实存在一股"阴柔之风"。从媒介素养教育角度看，这会给社会、给孩子造成一种对于性别判断的误解或刻板印象。

"比如对于女性，很多人觉得以瘦为美，这其实是一种刻板印象。现在很多荧屏形象、角色过于阴柔化、柔弱化，实际上就是在给孩子塑造一种审美的刻板印象。"张海波说。

约 25% 的受访者对这种观点表示明确反对。北京市某高校研究生小陈平时十分注意保养自己的皮肤，在衣着、发型上也时刻追逐流行款式。在他看来，这是一种时尚，能凸显个性，"打扮不是女性的特权，也和社会风气无关"。

一位不愿透露姓名的性别学者对记者表示，中国传统里所谓男人阳刚、女人温柔的性别气质设定太单一，现代人不应受此束缚。性别气质是个性的张扬，一个社会的性别气质应该多样化发展。

持中立态度的受访者占比约为四成。多数受访者认为，无论是男性的"女性化"还是女性的"男性化"，或是"中性风"，本身都无可厚非，只要别太过分就行。

几年前，中国青年报社会调查中心也曾做过类似调查。结果显示，33.4%的人表示能接受"中性风"，表示"不能接受"的占20.4%。另有46.2%的人对这一话题表示"中立"。

"娱乐明星的'娘化'现象与青少年体质弱化现象之间虽有一定相关性，但也有耦合性，彼此间关系复杂，不能进行简单的一一对应，更不应危言耸听。"中国青少年研究中心青年研究所所长邓希泉对记者说。

他认为，阴柔文化是一种当下较为流行的青年文化，是青年试图与以前文化相区别的一种文化尝试。从直接表现看，阴柔之风是荧屏竞争、媒体造星行为的策略性转换而形成的暂时性结果。阴柔文化是当今多元文化、多样审美的组成部分，并没有占据主要或统治地位，仍属于从属地位。从整体看，当代青年的身型、体质、健康行为、责任意识、担当能力均在不断优化。

## 多种因素导致阴柔性格

这种"阴柔之风"形成的原因是什么？

从历史源流看，"阴柔"和"阳刚"都是中国文化中重要的人文气质。先秦时期，阴阳概念被用来称谓世界上两种最基本的矛盾现象或属性：凡动的、热的、强壮的、明亮的为"阳"；凡静的、冷的、柔弱的、内向的为"阴"。当这种理解被引向社会人生时，"阳刚"主要是指光明、正直、刚健、进取和有为，"阴柔"主要是指隐忍、细密、委婉、退守和虚静。应该说，在不同历史时期，这两种社会文化气质都给中华文化发展带来过不同程度的影响。作为一种文化心理，它们当然会在当今中国人身上有不同程度体现。

从现实条件看，"阴柔之风"盛行是多种因素共同作用的结果。

首先，这是经济快速发展中社会结构变化的一个体现。邓希泉认为，绝大多数发达国家在经济发展进入发达程度后，社会结构中的白领阶层和知识分子处于优势地位，"阴柔之风"会逐渐增长。同时，"阴柔之风"浓郁的韩国明星、日本明星、日本动漫及其文化氛围对中国影响很大。其在中国娱乐市场引发的仿效行为，无疑对广大青少年产生了较大影响。

其次，这和社会发展和现代社会对性别角色的新塑造与新要求有关。现代社会意味着陌生人社会、理性人际交往和快节奏生活，对传统性别角色提出了新要求。

邓希泉说，阴柔的性格特征，更利于人际交往，减少人际冲突，无形中助推阴柔性格获得一些青少年的支持。同时，女性社会地位的迅速提升，也导致一些人有意识或无意识地认同阴柔性格。

"家庭教育、学校教育里缺乏正确引导是重要原因。"拥有 10 多年从业经历的婚姻家庭咨询师张勇军表示，我国青少年由于学习压力较大，没有足够时间去进行锻炼；成长风险又使很多家长、老师不放心让孩子在相对艰苦的条件下锻炼意志，客观上也助长了他们阴柔性格的形成。同时，当前一些饮食中含有添加剂、抗生素，一定程度上可能造成一些男孩在生理上偏向阴柔状态。

# 性别气质不应"一边倒"

作为一种长期存在的社会现象，"阴柔之风"当前在程度上确有蔓延的趋势。这会带来什么后果？

"'阴柔之风'将长期存在，但作为青年文化的热点事件是暂时的。在维持一段时间后，它会被新的青年文化所替代，回归于青年亚文化范畴。"邓希泉认为，对此不用过度忧虑。从观众对明星的评价看，"娘化"男演员在荧屏当道的现象已经开始衰退。同时，"阴柔之风"并未蔓延到全体青年和大部分群体间，目前只是局部现象，更多地存在于娱乐明星身上。

对于一些人士担忧的"少年娘则中国娘"，邓希泉认为，这是对"娘"这种新社会现象消极作用的泛化和无原则扩大化。他认为，"娘"是对男性性别"女性化"现象的一种贬义称呼。因为这种称呼既没有看到这种性别新现象所具有的适应社会发展和构建新型性别角色的积极意义，也没有看到现代社会和男女平等条件下男性角色的新内涵与新期待。

他认为，男性性别"女性化"现象是一种文化符号和审美爱好，也是一种生活态度和生活方式，"很多人只是把'娘'作为一种对象在欣赏，但并不一定认同"。

"目前，以'娘'为代表的阴柔之风，更多的是作为一种文化符号和审美爱好在青少年中传播，当然也有一部分青少年将其作为一种生活方式并付诸生活行为，但将其作为一种价值观的则较少。"邓希泉说。

有性别学者也认为，无论是"阴柔"还是"阳刚"，都有其正面价值。一个社会应该允许、支持每个人有自己的社会性别实践，这样才能构成一个丰富多彩的社会。如果"阴柔之风"没有构成整个社会大多数男性的追求，只是少数人的审美，就不能将其夸大。有学者还建议，为消除性别隔离，幼儿园应提倡男孩也可以玩布娃娃，女孩也能玩汽车，或者让男孩女孩一起玩布娃娃、一起玩汽车。

张勇军则认为，一个社会不应该反对个性和自由，但同样也不能因此而放弃文化传统。"阴柔""阳刚"都是优秀文化传统，整体构成了中华人文教化体系，不应偏废。

两年前，上海教育出版社推出国内首本为小学男生量身定制的性别教育教材——《小小男子汉》，该教材围绕小男生们成长需要面对的与性别相关的困惑，提升他们敢于担当的勇气与素养，成为一名"小小男子汉"。该书受到很多家长和学校的欢迎。

"增加孩子的'阳刚之气'是社会的大功课。"张勇军建议，家庭教育和学校教育应多挖掘中华优秀传统文化。"在古时，士人培育都是文武双全、诗书礼乐齐备，注重培养天人合一等思想文化。"同时，教育内容应多一些中华民族英雄事迹、烈士事迹、优秀发明创造等，激发孩子的阳刚之气、生命斗志、浩然正气等。

他同时强调，要警惕过度娱乐化思想对大众特别是青少年的侵蚀，媒体应多宣传人生责任、家国责任，让人们从内心迸发出积极上进的正能量。

张海波也认为，如果"阴柔之风"加速蔓延，甚至在流行文化中成为"一边倒"的审美取向，就肯定有问题。"对很多心智刚发展的青少年来说，这会造成他们审美观念出现偏激或误判。"他认为，父母应该用主流价值观引导孩子正确面对流行网络文化和潮流文化。学校和家庭还要有针对性地开展性别教育。

"正是因为人的性格发展应该符合多元化价值观，所以更不能为了迎合潮流文化、刺激文化消费、吸引眼球而助长'阴柔之风'蔓延，甚至出现'一边倒'的性别气质。"张海波说。

（彭训文）

◇ 评论：多元社会需要包容

　　近些年来，许多人认为社会上·"阴柔之风"盛行，"娘化"现象越来越严重，而且在青少年中蔓延非常快，引起了不少人担忧。

　　"娘化"现象，一般指男子穿着女性服饰或进行装扮后达到女性化外貌。他们大多为拥有标致五官的年轻男性，在穿上女装后常常带有很强的萌属性。

　　这种"娘化"现象并非近些年才出现，也不是现代才有。从定义上来看，古代的男扮女装就应属此列。中国历史上还出现过男扮女装而受到追捧的名人。唐代，有一个唱戏的李伶，虽然年过五十，但一经打扮就如少女一般，在舞台上千娇百媚，被称为"假面娘子"。

　　但很多人认为，"阴柔之风"盛行让人缺少了"阳刚之气"，在网络上还出现了"拯救男孩"的说法，希望能够培养男孩的男子汉气概。许多培训机构甚至为此推出了课程。

　　"娘化"其实是一种生活方式，不能因为一个男子着装像女性，就让他无法在社会立足。无论是古代，还是今时，都是如此。而且在多元化社会中，我们更应该包容这些并不一定是主流的现象。

　　中国古代社会讲究伦理纲常，男性在社会上的地位比较高，很多女性往往需要女扮男装才能建功立业。比较著名的就是花木兰替父从军的故事，在军营里她只能以男性角色出现。但即使是男性占主导地位的古代社会，对于那些长相秀美，爱着女装的男子也是十分包容的。特别是在隋唐时代，喜爱男扮女装的风气自上而下地在社会上传播，这也显示当时社会风气的开放和包容。

　　现代社会是一个多元社会，对"娘化"现象当然应该以一种开放包容的心态来看待。所谓多元，就是指不仅仅存在一种价值观，不仅仅存在一种生活方式。可以试想，如果一个社会只有一种生活方式，每个人每天都按照同样的方式生活，那社会就会没有活力，显得单调乏味。有时候，正是因为出现不同的生活方式，才让社会变得更加丰富多彩，也为个人提供了多种选择。

过去对男性的角色认定，主要集中在孔武有力、阳刚之气上。但正如很多人所说，打扮并不是女性的特权，男性当然也可以。既然可以女扮男装，那为什么不能男扮女装，借鉴一些女性的生活方式呢？

不过，凡事应该有个度。对"娘化"现象，有些人担忧其蔓延也不无道理。如今，"娘化"现象在青少年中影响很大。如果青少年过于沉迷在"阴柔之美"中，审美出现"一边倒"的态势，那就会产生很大的负面影响。

凡事如果过度就需要矫正。因此，应该有针对性地增加对青少年的性别教育，通过合理引导，教育他们正确认识"娘化"现象，帮助他们树立正确合理的价值观和对潮流文化的正确态度，这样才能帮助他们长远全面发展。

（张一琪）

◇ 专家观点

检视历史，当然应该承认"阴柔"亦有其功绩和价值。但在竞争、发展成为时代主旋律的今天，"阳刚"却是一种必要的品质，一种必要的社会文化气质。

——中国政法大学终身教授李德顺

我们当前的问题是，越来越多的男性缺乏本应具有的"阳刚之气"

和坚强意志。这很可能引起家庭内部，甚至整个社会性别角色分工中的阴阳倒错。男性的性格和行为越来越与其天性背道而驰，会对国家的发展和社会的传续产生不良影响。

——华东师范大学心理与认知科学学院博士生导师、教授李晓文

当前社会越来越多元，男孩体魄不够健壮并无太大关系，只要内心有责任感、有担当，就是阳刚男子汉的表现。

——首都师范大学教育学院性教育研究中心主任张玫玫

文明社会本来就不应硬性规定何种形象才是"合适的"性别形象。审美的多元化，正说明一个社会的健康性。只不过当下"女性化"的男性形象太过盛行，做些矫正，想必也还有些必要。

与其谈论外貌，不如关注实质。"男子气"，自有其积极进取、敢于冒险、敢于担当的一面；但是，"中性化"，甚至"阴柔些"，那种包容、低调、温和的处世态度，也有其积极意义。不偏重一方，才是正理。

——河北科技大学外语学院副教授王伟滨

（彭训文　整理）

# 3. 3000万"剩男"跟谁结婚

**核心阅读**

中国已经历经 30 年的出生人口性别比偏高且持续攀升过程，如此累积的结果是，未来 30 年内，逐步进入适婚年龄的男性将比女性多出近 3000 万人，矛盾或将集中爆发。

"丁男"沉积在低文化、低收入的贫困阶层，将加剧中国经济与社会的不平等问题，同时还会威胁中国的人口生态安全。

如果未来中国出生人口性别比下降缓慢，不排除会对生育政策进行进一步调整；另外要扭转重男轻女观念，关键是提高城镇化、工业化、教育水平。

刚过完农历鸡年元宵节，陕西省渭南市澄城县南社村村民张进春就张罗着办那件悬在他心里很久的事情："儿子开年就 25（岁）了，得赶紧把他和县北边李家姑娘的婚事定下来。"在西方"情人节"到来的前两天——2 月 12 日，老张跟李家约好上门定亲。这天，老张和老伴从窑洞里屋的木柜子里翻出存有 10 万元的银行卡，再提着早已备好的烟酒等礼品，去见未来的亲家。当了一辈子农民的他感觉自己像上了战场，"村里好多三十好几的小子还'打光棍'咧，这事今儿必须办成。"

老张着急儿子的婚事也是很多中国父母这些年的隐痛，因为他们都面临着一个同样的问题：儿子娶不着媳妇。"保守估计，中国未来 30 年将有大约 3000 万男人娶不到媳妇。"中国人民大学人口与发展研究中心主任、中国人口学会会长翟振武说。

为什么中国男性越来越多，女性越来越少？国务院 2017 年 1 月 25 日印发的《国家人口发展规划（2016—2030 年）》和国家卫生计生委 2017 年 2 月 6 日印发的《"十三五"全国计划生育事业发展规划》给出了一致的回答：这都是中国从 20 世纪 80 年代中期开始的出生人口性别比失衡惹的祸。

那么，是什么原因造成出生人口性别比失衡？它对社会稳定有何危害？如何帮助"剩男"走进婚姻殿堂？

## 3000 万 "剩男" 从何而来

在很多人的印象中，由于重男轻女观念的影响，中国男多女少的情况一直存在。没想到的是，最近几年表现得越来越明显。

国家统计局发布的数据显示，2015 年末，中国大陆男性人口 70414 万人，女性人口 67048 万人，男性比女性多出 3366 万人，总人口性别比为 105.02（以女性为 100），出生人口性别比为 113.51。另据统计，"80 后"非婚人口男女比例为 136∶100，"70 后"非婚人口男女比则高达 206∶100，男女比例严重失衡。

中国适婚人群为什么会出现异常的性别比失衡现象？"根本原因在于出生性别比的长期失衡，这已经成为一个相当严重的社会问题。"翟振武说。

出生人口性别比也叫婴儿性别比，正常情况下，每出生 100 个女孩，相应会出生 103—107 个男孩。由于男孩的死亡率高于女孩，到了婚育年龄，男女数量趋于均等。因此，联合国设定的正常值为 103—107。

从 20 世纪 80 年代中期开始，中国的出生人口性别比持续偏高。翟振武给出了两个原因：一是强烈的男孩偏好，特别是在农村地区，追求生男孩的观念一直存在。二是现代技术条件的发展，使得生男孩变得容易。他说，小型化、现代化的超声波检测技术，能够在女性怀孕 14 周到 16 周时检测出是男孩还是女孩。这使得很多想生男孩的家庭更容易实现愿望，如果检测出是女孩，很多家庭会选择让孕妇人工流产。

正是因为超声波技术在 20 世纪 80 年代中期后的发展，再加上传统的男孩偏好观念，造成了中国出生人口性别比失衡程度高、持续时间长、波及人口多的现状。进入 21 世纪以来，中国的出生人口性别比最高时达到 121.2，有些省份甚至达到了 130。

"出生人口性别比过高，造成的一个最大的社会问题是'剩男危机'或'光棍危机'。"翟振武说，从 20 世纪 80 年代中期开始，每年持续出现全国范围的出生男婴数多于女婴数的情况，以此逐年累积，按照估算，未来 30 年内，逐步进入适婚年龄的男性将比女性多出近 3000 万人。另外，据中国社会科学院人口与劳动经济研究所研究员王广州领导的课题组提供的预测数据，2020 年，35 岁至 59 岁的未婚男性在 1500 万左右，2050 年接近 3000 万。

2010 年，西安交通大学人口与发展研究所在对全国 28 个省份共计 369 个行政村进行调查后，发布了《百村性别失衡与社会稳定调查技术报告》。报告预测，2013 年后，中国每年适婚男性过剩人口在 10% 以上，平均每年约有 120 万男性找不到初婚对象。

"除非这些适婚男性都选择与比他们年龄大的女性结婚，否则，如果他们都在自己年龄段内及其以下的年龄段找对象，中国未来就会多出接近 3000 万'剩男'。"翟振武说，这还是以正常的出生人口性别比为前提。如果今后出生人口性别比下降幅度缓慢，中国的"剩男"

数量还会增加。

## "剩男危机" "危" 在何处

原国家卫计委副主任王培安表示，性别失衡问题将是影响中国人口结构均衡发展与社会和谐稳定的重大隐患。

"出生人口性别比长期偏高引发的社会问题已由隐性走向显性，最直接的影响是引发'婚姻挤压'现象。"王广州领导的课题组承担了原国家卫计委委托的"单独二孩""全面二孩"政策影响预判研究工作。他解释说，"婚姻挤压"的通俗理解就是有一部分人娶妻难或者说会打光棍。

王广州提供的 1990 年、2000 年、2010 年全国人口普查调查数据显示，中国 35 岁到 59 岁的男性人口未婚的比例在 4% 左右，"如果一个男性到 59 岁还没结婚，基本上就属于终身未婚了，这是一个非常大的数字，因为女性终身未婚的比例大概不到 3‰。"

什么样的人会存在婚姻被挤压的情况？王广州分析，受教育程度低的男性往往首当其冲。1990 年，35 岁到 59 岁的、小学及以下文化程度的未婚男性占未婚男性总数的 12.7%。2010 年，这个比例接近15%。

此外，社会经济地位较低的男性也可能成为"剩男"。有社会学者按照"嫁高娶低""男高女低"的社会观念总结了一种梯度婚配模式。如果以甲、乙、丙、丁等表示个人的社会经济地位进行排序，按照该模式，甲男配乙女、乙男配丙女、丙男配丁女，最后剩下的是甲女和丁男。然而，和"剩女"多为个人选择不同，"剩男"是被动单身。按照《百村性别失衡与社会稳定调查技术报告》，受到婚姻挤压的"剩男"或者"丁男"更多地集中在西部地区文化水平低、收入少的男性上。

"剩男问题的实质是经济与社会的不平等问题。农村贫困地区、贫穷家庭以及城乡的贫弱男性具有较高的陷入'光棍危机'的风险。"中国人民大学社会与人口学院教授陆益龙说，人口性别结构会在一定程度上影响婚姻市场，但更关键的影响因素是经济、社会与文化因素，"这些因素会刺激并加剧落后地区天价彩礼、拐卖妇女、买卖婚姻、性犯罪现象的发生"。

此外，王广州非常担心的一个问题是，女性"赤字"和低生育率将进一步减少人口总量和适龄劳动人口规模，并加速中国人口老龄化进程。

有社会学家认为，10—20年后，男性劳动力过剩和"就业性别挤压"将日益严重，男性就业竞争压力更大，女性将更难就业。从长远看，光棍的自身养老及其父母养老也是一大问题。南开大学人口与发展研究所教授原新认为，"剩男危机"的深远危害，不亚于20世纪中叶的人口膨胀。

## "治标"不易，"治本"如何破题

为了遏制出生人口性别比持续偏高的现状，2002年11月，《关于禁止非医学需要的胎儿性别鉴定和选择性别的人工终止妊娠的规定》颁布施行，对胎儿性别鉴定予以明确规范禁止。从2009年起，中国出生人口性别比整体呈下降趋势。从2011年开始，国家计生委、公安部、卫生部等联合开展整治"两非"专项行动，使得该类案件高发态势得到初步遏制。

在翟振武看来，由于现有制度不完善和检测技术发展，胎儿性别鉴定越来越容易，检测双方的"你情我愿"也增加了有关部门对"两非"的监管难度。

王广州对此提出3点建议，一是加强国家和地方立法工作，为查处"两非"、保障妇女权益提供法律依据。二是建立出生性别比治理联动机制,加强卫生计生、药监、公安等部门合作,通过"全国一盘棋"的联防群治进行综合治理。三是搭建数据共享平台,建立出生性别比预警机制。他特别强调,要强化统计监测在综合治理工作中的基础地位,明确卫生计生、公安、统计、教育、民政等部门的数据统计职责,最终实现人口数据的跨部门共享和预警监测。

2013 年末,中央提出"单独二孩"政策,2015 年提出"全面二孩"政策,对降低出生人口性别比起到一定的促进作用。王广州分析,一部分第一孩是男孩的家庭,第二孩更愿意生女孩,或者对孩子的性别已不那么在意,相对而言,更多的女孩能被生下来。

不过,有人口学家同时表示,如果未来中国的出生人口性别比下降幅度缓慢,不排除会对生育政策进行进一步调整。

"从人口发展规律来看,出生人口性别比下降到一定程度以后,继续下降的难度更大。"翟振武说。根据《国家人口发展规划(2016—2030 年)》设定的预期目标,到 2020 年,中国出生人口性别比小于等于 112,到 2030 年稳定在 107。也就是说,即便一切顺利,离出生人口性别比恢复正常的时间还有 13 年。接下来,中国社会不仅要消化因前 30 多年高出生人口性别比而累积的"老剩男",还要面对未来 13 年可能产生的"新剩男"问题。

更多专家指出,要实现这个预期目标,扭转中国几千年来形成的"重男轻女"的传统观念,真正提高女性社会地位、实现男女平等是治本之策。

2003 年 4 月,"关爱女孩行动"启动;2013 年,"圆梦女孩志愿行动"启动……这些活动旨在通过对贫困地区农村女孩一对一的长期公益性帮扶,唤起全社会对女孩的关注。

"目前男女平等的观念还很薄弱,男娶女嫁、从夫居、传宗接代等传统观念要随着城镇化、工业化、教育水平的提高才能逐步改变。"翟振武说，对于性别失衡的重灾区农村，各级政府应该加快提高农村生产力水平，走机械化、现代农业之路，减轻因强度体力劳动而产生的男孩偏好。同时，还需要完善农村土地承包制度、养老体系建设、女性就业平等等制度设计。

"我们要教育好下一代，培养男女平等的新土壤。当年轻人的生育观念发生变化后，中国出生人口性别比会逐渐正常，'剩男危机'才能得到解决。"翟振武说。

（彭训文）

## ◇ 评论：解决"剩男危机"要先破"重男轻女"

明天就是"情人节"。对很多单身人士来说，又到了一年一度的"虐狗"时间。

单身汉这么多，有着相当现实的原因。尽管中国人口出生性别比已经连续 7 年下降，但"男多女少"的现状仍十分突出，未来将有约 3000 万名男性面临着"打光棍"的窘境。原本相对稳定的婚姻平衡市场，因为多出数千万男性而变得拥挤，多出的男性被挤压出去，被迫成为光棍，从而形成了"婚姻挤压"的现象。

近年来，中国各地的"光棍村"时常见诸国内外媒体，到国外"买新娘"等违法行为也频频发生，由男女比例失调引起的婚配问题，正在危害社会稳定，也在危及人口生态安全。

事实上，受到损害的不仅是男性。从 20 世纪 80 年代以来，由于"养儿防老""重男轻女"等传统观念，再加上非医学需要的胎儿性别鉴定和选择性别人工终止妊娠行为，女性生育权存在被剥夺的现象，妇女身心健康也受到了损害。

男多女少对经济发展有没有影响? 有经济学家研究发现, 在性别失衡较严重的地区, 父母往往愿意更加努力工作, 希望通过财富增加来提高孩子的竞争力。而这些地区也会有更多人愿意创业, 谋求更大回报, 这就变相推动了 GDP 增长。然而, 这种带不来社会整体幸福感的增长, 显然不具有可持续性。

解决 "光棍难题", 终究要从根源上入手。随着全面二孩政策的实施, 中国男女人口性别比失衡的局面有望逐渐得到缓解。不过, 围绕男女平等的观念普及、政策帮扶仍需持续推进。一方面, 应当大力宣传社会平等, 完善法律体系, 制止就业等方面的歧视行为, 保护女性公平就业权利; 另一方面, 应当解决计划生育女孩家庭的养老保障、孩子成才成长等方面的困难, 提高女孩及女孩家庭的发展能力。此外, 也要打击非正常胎儿性别鉴定和选择性别的终止妊娠行为。

（刘　峣）

## ◇ 他山之石: 韩国、印度这样治理 "男多女少"

"男多女少" 并非是中国独有的现象, 世界各国都不同程度地存在性别失衡现象。例如韩国出生人口性别比就曾偏高, 印度的出生人口性别比和女孩死亡率都出现了偏高现象。为此, 韩国和印度采取了一系列治理措施, "男多女少" 现象得到了一定控制, 女性地位也得到了较大提升。据报道, 韩国 2013 年出生人口性别比为 105.3, 创下韩国自 1981 年以来的最低纪录, 出生性别比已趋于平衡。

### 法律保护：提高妇女地位

早在 1994 年，印度国会就通过《产前性别诊断技术法案》，将利用超声波技术检查胎儿性别定为违法行为，规定只有在政府部门注册的诊所才可以以医学治疗为目的对胎儿性别实行鉴定。1996 年，印度政府又明令禁止流产健康女胎。2002 年，印度政府加大对《产前性别诊断技术法案》违反者的处罚力度，规定首犯者最高可判 3 年徒刑，第二次最高可判 5 年徒刑。

2005 年，韩国判定户主制"不符合宪法"，为结束男尊女卑迈出了决定性一步。此外，韩国妇女发展基本法为保护妇女的合法权益起到了坚强的法律保障作用。韩国男女平等雇佣法、家庭暴力特别法等在保障女性权益、提高女性社会地位方面起到积极作用。需要指出的是，这些法律法规非常注重操作性和可行性。

同时，韩国、印度以及南非和北欧国家均设立了专门的性别平等机构，制定专门政策，并为政策实施和运行提供资金支持，使妇女地位得到了较大提高。

### 文化宣传：改变社会观念

韩国的户主制在婚姻、家庭和子女的姓氏继承方面长期歧视女性。经过 20 多年的经济发展和城市化进程以及对男女平等的广泛宣传，韩国性别比例失衡现象近年来得到明显好转。

韩国在政府、社会、公民的共同参与下，通过成立专门的性别平等机构和广泛宣传，注重改变重男轻女的传统生育文化，倡导性别平等意识。通过政府引导，韩国开始形成全社会关注女童和女性的社会氛围。

印度政府定期在社区举办讲座、放映电影、召开讨论会，使"生男生女都一样"的道理逐渐深入人心。

### 各界参与：扩大影响范围

韩国针对性别失衡的治理主体除了政府外，还包括其他各种公共组织、民间组织、非营利组织、私人组织、行业协会、科研学术团体和社会个人等。韩国相关非政府组织较多，且影响范围广泛。

韩国女性团体做了大量宣传、教育工作，并不定期地举行各种研讨会，以各种形式将最新的思想与民众分享。最典型的例子是由25个女性团体联合组成的"21世纪女性研究会"，这是一个由政界、学术界和文化界等社会各阶层女性共同组成的较宽松的联合会。

此外，韩国女性受教育水平不断提高，达到世界一流。韩国女子大学影响很大，梨花女子大学和淑明女子大学均为世界较著名的女子高校。受教育水平的提高也促进了韩国女性社会地位的提升。

（王　萌）

# 4.沉重的彩礼

**核心阅读**

经过调查，在彩礼上涨的区域里，西部地区彩礼高于东部和南部地区，贫困山区彩礼高于城郊村。在国内一些大城市、南方一些经济逐步发展起来的农村地区和长江流域地区，很多地方彩礼不升反降。

"天价彩礼"既有生育观念、价值取向、面子心理等主观原因，也有男女性别失衡、生活成本上升、生活保障制度不完善等客观原因，问题的复杂性、顽固性要求各级政府要多从治本上下功夫。

移风易俗要内化于心才算成功。治理"天价彩礼"，既需要政府引导，更需要社会合力。只要每个人都明白自己为此应该做什么，并一起朝着这个目标去努力，"天价彩礼"的歪风就一定能消除。

男大当婚，女大当嫁。结婚，本是一件值得高兴的事。不过，近年来，各地因为结婚而引发的纠纷和惨剧时有发生。很多时候，沉重的彩礼是始作俑者。从20世纪50年代的几尺花布，到改革开放后的"三转一响"（自行车、手表、缝纫机和收音机），再到如今一些地方用百元钞票"称斤论两"，国内一些地方不断加码的"彩礼"正在将一些普通家庭的父母压得喘不过气来。

本来是礼节性的民俗，彩礼缘何会走样？如何通过移风易俗，铲除彩礼虚高这种社会陋习？

## 彩礼地图：西部高东部低，山村高城郊低

6年前，一张"全国彩礼地图"在微博走红，该图以地图形式标注了中国各地的结婚彩礼金额，引发网友热议。记者调查发现，4年时间里，这份"彩礼地图"已经发生了很大变化。其中很多地方尤其是农村地区的彩礼不仅翻了番，房子、汽车等还成了结婚标配。

27岁的小安是河北省保定市一所中学的教师，2016年底，他和爱人经过自由恋爱结婚。他说，由于是自由恋爱，自己工作也比较稳定，女方家要的彩礼相对少一些，一共是礼金6.6万元加买房、买车。他同时强调，"这属于双方都有正式工作的情况。在保定农村，如果男方没有正式工作，彩礼是10万元起步，还要在县城里买房、买车。这几乎是成了我们这儿的标配。"

据小安介绍，当地农村还有很多讲究。比如礼金要"万紫千红一片绿"，即1万张5元（紫色）钞票、1000张100元（红色）钞票，再加一把50元（绿色）的钞票，金额至少在15万元以上。还有的地方讲究"三斤三两"，即用3斤3两重的、崭新的100元钞票作为礼金，金额大约也是15万元。

根据2013年的"彩礼地图"，河北省的平均彩礼为1万元礼金加"三金（金镯子、钻戒、钻石项链）"，花费大约为3万元。也就是说，6年时间里，即便不加入买房买车的花费，河北省平均彩礼也增长了2—5倍。

调查发现，这种现象同样发生在河南、山东、贵州、陕西、甘肃等地，而且表现出"越是贫困地区，越出现高价彩礼"的特点。例如，

6年来，贵州的彩礼由2万元礼金加电器，上涨为现在的8.8万元礼金加"三金"。陕西由3万元礼金加"三金""三银"，上涨为现在的10万元礼金加"三金一动（'动'指的是汽车）"。甘肃一些农村地区的礼金则疯涨到18万元。

值得一提的是，一线城市彩礼涨幅存在差异。6年来，北京市的彩礼由1万元礼金加礼品上涨为20万元加一套房；上海市的彩礼保持稳定，维持在10万元加一套房；广州市的彩礼由1万元礼金加"三金"，上涨为总价值5万元的彩礼。

新疆、西藏等少数民族聚集区的彩礼情况差异也比较大。在新疆，维吾尔族姑娘对结婚首饰（耳环、项链、手链、戒指）更为看重，礼金则可以商量，大体为3万元到10万元不等；当地汉族男性结婚则需要20万元礼金加一套房子（男女各付一半，或者男方买房、女方买车）。而在6年前，新疆的彩礼还是8888元礼金加双份礼品。在西藏生活的藏族男子有自己的优势，他们娶新娘不需要送礼金，只需要送数量不等的牦牛（8000至1万元一头）、羊或者汽车就行。

经过调查，在彩礼上涨的区域里，西部地区彩礼高于东部和南部地区，贫困山区彩礼高于城郊村。

## 可喜变化：华南降幅大，长江流域"零礼金"

可喜的是，在国内一些大城市、南方一些经济逐步发展起来的农村地区和长江流域地区，很多地方彩礼不升反降。

罗观林是素称岭南古邑的广东省英德市的一个普通农民。老罗1982年结婚时，给女方的礼金是900元。2000年，他的儿子结婚，礼金是8000元。2016年，当地的彩礼行情是1万—2万元。

据了解，1982年，当时农村基层公务员每月收入在30元左右，老罗订婚的礼金 900 元相当于当时农村公务员 30 个月（即两年半）的收入。2016 年，英德市乡镇干部的工资收入大概为每月 6000 元，1 万—2 万元彩礼相当于农村公务员 3 个月的工资。可以发现，如果以农村公务员工资作为参照，当地农村的彩礼水平下降了 90%。

"改革开放以来，华南农村的彩礼是大幅度下降的。"华中科技大学乡村治理研究中心主任贺雪峰率领的课题组经过调查后认为，一方面，华南农村多是宗族性村庄，受到宗族抵制，外来男性娶本地女孩的力量大为减弱。另一方面，改革开放后，华南农村女孩很多外出打工，自由恋爱的越来越多，家境逐渐殷实的父母对女儿的自由恋爱也乐观其成。

此外，长江流域如重庆市、武汉市等一些地区还存在结婚"零礼金"现象。一些女方家长即便索要彩礼，也不会自装腰包，而是返还给女孩，另外还会准备一份与男方彩礼不相上下的嫁妆。

贺雪峰认为，这是由于这些地方属于分散性的原子化村庄，男孩生育偏好较少，父母因此可能对儿子女儿同等看待，同时自由恋爱的基础也比较好。因此，彩礼和嫁妆相当于双方父母的财产完成了代际转移。

这种势头在深圳、北京等城市近年来也开始出现。一些在这些城市工作、结婚的受访者说，随着大量外来人口涌入，男女平等、自由恋爱观念的普遍和收入水平逐渐提高，出于对女儿未来幸福的考虑，很多女方父母不再将男方的彩礼数额作为强制性要求，一些女方父母还会出钱和男方合力买房。

## 天价彩礼：男多女少、盲目攀比

调查结果显示，虽然各地彩礼数额差异大，但大部分地区的彩礼价位在不断走高，"儿子娶媳妇，爹娘脱层皮"的现象在不少地区的农村仍然普遍存在。那么，究竟是什么因素导致了"天价彩礼"的存在？

"最根本的原因是中国适婚人群'男多女少'，导致女孩'物以稀为贵'。"中国人民大学人口与发展研究中心主任、中国人口学会会长翟振武认为，20 世纪 80 年代中期超声波技术兴起并开始用于生男生女的检测，让长期存在的男孩偏好有了技术基础，导致中国的出生人口性别比开始持续走高。与此相应，从 20 世纪 80 年代开始，彩礼在农村兴起，并且呈现逐年增长趋势。

山东社会科学院人口所所长崔树义分析，农村本来就是男多女少，随着城市化发展，女孩开始从农村流向城市，从欠发达地区流向发达地区，更加剧了农村女孩的稀缺。在一些欠发达的农村地区，很多女性即便无法嫁进城市，也希望嫁给当地经济条件好的男性，女方家长则希望借彩礼改变自身经济状况，也助推了"天价彩礼"的出现。

"市场经济发展过程中出现的功利性、互相攀比的社会心态也是重要原因。"中国社会科学院农村发展研究所研究员吴国宝认为，攀比之风既是农村"熟人社会"的产物，又和很多人现在功利性过强、讲面子、讲排场、希望一夜暴富等浮躁的社会心态有关，同时让一些职业媒婆有了"两头通吃"、漫天要价的市场。

"很多人因为付给别人'天价彩礼'，就想着通过收受'天价彩礼'来补亏空，从而形成了恶性循环。"据国家一级心理咨询师蔡劲林分析，在一些农村地区，很多农民既是"天价彩礼"的受害者，同时又是施行者。

"当彩礼逐渐成为一种敛财手段，实质上与买卖婚姻相差无几，由此导致有情人难成眷属、因婚致贫甚至家破人亡的悲剧不断发生。"崔树义表示，越来越多的穷人娶不起媳妇，或者为了娶媳妇弄得"全家返贫"，光棍村不断出现。从这个意义上说，"天价彩礼"已经成为一种应当及早加以消除的社会陋习。

## 移风易俗：综合施策，标本兼治

为应对越刮越烈的"天价彩礼"之风，2016 年 7 月 29 日，由国家卫生计生委、中宣部、中央文明办等 11 个部委印发的《关于"十三五"期间深入推进婚育新风进万家活动的意见》（以下简称《意见》）强调，"十三五"期间，中国各级政府将加强引导，倡导婚事简办，反对包办婚姻、违法早婚、大操大办和借婚姻索取财物。《意见》同时对保障妇女合法权益，不断提高社会性别平等意识，促进出生人口性别结构趋向自然平衡等提出要求。2016 年 11 月 28 日，中宣部、中央文明办召开"倡导移风易俗，推进乡风文明"电视电话会议，农村"天价彩礼"、大操大办、盲目攀比等现象被点名批评。

如何通过移风易俗，铲除"天价彩礼"生存的土壤呢？"这需要综合施策，仅仅靠单纯的引导、宣传很难奏效。"中国人民大学农业与农村发展学院教授朱信凯认为，"天价彩礼"既有生育观念、价值取向、面子心理等主观原因，也有男女性别失衡、生活成本上升、生活保障制度不完善等客观原因，问题的复杂性、顽固性要求各级政府要多从治本上下功夫。

"大力发展农村经济，提高农民收入，逐步缩小城乡差别是治本之策。"朱信凯表示，只有农村经济条件改善了，养儿防老的观念才能逐步消除，"生男生女都一样"才能成为共识，"天价彩礼"才会失去生存土壤。他建议，目前，政府应尽快加大综合治理出生性别比严重失衡的力度，完善农村养老政策，减少城市落户限制以及促进城乡人口合理流动等。

从更深的层面看，"天价彩礼"也暴露了农村社会治理的缺陷。

吴国宝建议，可以引导农村社会组织、各种社区协会甚至传统组织，通过制定一些村规民约、成立红白理事会等来遏制"天价彩礼"；同时引导广大农民改变观念，积极践行社会主义核心价值观，做到自觉摒弃陋习，培育文明新风。

"移风易俗要内化于心才算成功。治理'天价彩礼'，既需要政府引导，更需要社会合力。只要每个人都明白自己为此应该做什么，并一起朝着这个目标去努力，'天价彩礼'的歪风就一定能消除。"吴国宝说。

（彭训文）

## ◇ 链接：彩礼的前世今生

彩礼起源于中国古代的聘娶婚制。"六礼"中的"纳征"或称"纳币"，即为彩礼之意。男女双方通过彩礼建立关于婚姻的约定，产生道德约束力，对于维持婚姻关系的稳定起着重要作用。

### 古代：法律看重彩礼作用

中国古代律法对彩礼在婚约中的作用十分看重，彩礼是古代婚姻法律制度的重要组成部分。到了唐代，法律明确规定了彩礼的范围和效力。宋、元、明、清在唐律的基础上对彩礼做了进一步整理，并最终达到较为完备的程度。

在彩礼认定上，法律对不同阶层可采取的彩礼数额与类别进行了规定。

在彩礼的效力上，法律将彩礼视为判断婚约关系是否存在的重要物证。在没有男女双方婚书和私约的情况下，假设一方给付彩礼而另一方接受，则婚约同样成立。在古代，嫁娶看似简单却往往牵涉国家乃至家族的利益，如果仅凭口头约定，一旦发生争议往往无法确定是非。彩礼的给付解决了举证难的问题，增加了双方任意悔婚的成本。

由此，彩礼也可以作为对悔婚方的惩罚措施。如果给付彩礼的一方违约，则丧失取回彩礼的权利；彩礼接受方违反约定，则负有返还甚至双倍返还的义务。

## 近代：各地规定有所不同

近世以降，传统的彩礼制度在法律层面隐退，不再有曾经的效力和地位。尽管如此，订婚时给付彩礼仍然作为一种习惯存在。

民国时期，彩礼习惯在不少地方都有了具体而详细的规定。当时的 9 省 86 县里有 63 县对彩礼有具体规制。不过，不同地区的规制却有所不同，有的规定"男死退彩礼一半，女死则彩礼全没"，有的则规定"男死则彩礼全部退还，女死则彩礼消灭"。

## 当代：逐渐纳入法律规范

在抗日战争时期和民主革命时期，各革命根据地多次颁布法令，禁止借婚姻索取财物，废除聘金、聘礼及嫁妆。

新中国成立后，在 1950 年、1980 年《婚姻法》和 2001 年《婚姻法修正案》中对彩礼均采取禁止态度。但彩礼现象在某些地区十分盛行。2004 年开始施行的最高人民法院《关于适用〈中华人民共和国婚姻法〉若干问题的解释（二）》首次将彩礼纳入法律体系规范之中。其第十条规定，当事人请求返还按照习俗给付的彩礼的，如果查明属于以下情形，人民法院应当予以支持：（一）双方未办理结婚登记手续的；（二）双方办理结婚登记手续但确未共同生活的；（三）婚前给付并导致给付人生活困难的。适用前款第（二）、（三）项的规定，应当以双方离婚为条件。

（刘　峣　整理）

## ◇ 他山之石：外国人结婚花多少钱

### 阿联酋：国家补贴，鼓励娶本国新娘

自 20 世纪 70 年代起，随着石油收入带来大量财富积累，阿联酋人的生活发生巨大变化，婚事大操大办及女方索要彩礼之风盛行。据阿联酋有关部门调查，举办一个中等档次的婚礼花销通常在 10 万美元上下。

由于本国新娘"价码"过高，越来越多的阿联酋男子将择偶目光转向国外，寻求外籍新娘。阿联酋政府对此深感不安，于是大力倡导婚事简办及新娘"本土化"。1992 年，阿联酋婚姻基金会成立，由基金会向每位迎娶本国姑娘的阿联酋男子提供资助，采用经济手段资助阿联酋男子娶本国姑娘。

自阿联酋婚姻基金会成立以来，已有至少 5 万多对新婚夫妇得到资助。该基金会还出资举办集体婚宴，以进一步减轻阿联酋男子迎娶本土新娘的经济负担。

当然，国家结婚补贴政策也不是任何人都可随便享受的。阿联酋婚姻基金会在 2010 年作出规定，国家结婚补贴申请者的月收入上限为 1.6 万迪拉姆（约人民币 3 万元）。

### 德国：双方共办婚礼，新婚租房生活

德国年轻人结婚年龄较晚，平均在 30 岁左右。他们往往要在共

同生活 3—5 年后，才决定是否走入婚姻殿堂。德国人很重视婚礼，每个人都愿意把婚礼办得风风光光。但德国人又是一个精打细算的民族，他们的婚礼通常是热烈、高雅而简约。

数据显示，德国人结婚平均费用为 5300 欧元（约人民币 3.8 万元），有 80% 的人在婚礼上的开销为 4000—7000 欧元（约人民币 2.9 万至 5 万元）。

按照德国传统，婚礼费用由女方家长负担。传统观念认为，父母把女儿养大成人，现在要把她嫁出去，从此就要由男方负责她的一切，但是作为女方父母要有始有终。不过这些传统观念已经被破除，目前德国婚礼一般都是双方家长协商共同出资。

在德国这个综合经济实力较强的国家，新人结婚一般不会将房子、车子考虑在内，城市中的大部分新婚夫妇选择租房子。这与购房价格没有太大关系，而是得益于这里合理而完善的租房制度。年轻人在任何城市，不论从事何种工作，都能方便地以自己能负担得起的价格获得稳定居所。

### 美国：婚房不是结婚前提

在美国举办婚礼可以隆重，也可以简约，基本为量力而行。据统计显示，美国人在婚礼上的花费平均为 2.2 万美元（约人民币 15 万元）。

美国人没有结婚一定要买房的概念，男方更没有结婚前一定要准备婚房的压力。美国人结婚不在乎是否门当户对。有房无房、有车无车更不是一对恋人是否结婚的决定因素。两人只要相爱，就可以组成家庭，很多年轻人刚结婚时都是租房住，婚后的生活就靠两人自己去打拼，等夫妻奋斗几年，攒了些钱后，他们才会考虑在哪里置房安顿下来。

与中国由男方主办婚礼的传统不一样，在美国，婚礼费用由女方家庭负担。男方的花费主要是购买钻石戒指。美国人重视婚礼，所以在婚礼上的花费不薄，包括教堂场地费、婚礼宴会场地租用费、乐队花费、婚纱等。美国的婚礼场面有大有小，富人的婚礼动辄花费上百万甚至上千万美元。

（王 萌）

# 5. 中国"老漂族"生存现状

## 核心阅读

这个社区 10 多栋住宅楼里塞满了几千人，但对马阿姨来说，都是陌生人。只有面对 8 个月大的孙女时，她才感觉到自己是被需要的。缺少朋友、想家、孤独、不适应，成为很多随迁老人的共同特征。

对"老漂族"来说，离开家乡的最大风险是与包括养老保障、医疗保障、社会交往与熟人熟地等社会支持系统脱离，导致养老风险被无形放大。

"我心安处是故乡。"漂泊的老年一族要做到老有所安，既要内安其心又要外安其身，这需要家庭支持和社会支持，前者强调孝亲敬老的代际反哺，后者重在破除户籍障碍、医养分离等制度藩篱。

2018 年 5 月 9 日，北京朝阳区某中心小学门口。下午 4 时 20 分，放学时间到了。两位老人跟随人群进入学校大门接孩子。几分钟后，奶奶背着书包，爷爷拉着孙子的手走出校门。来到一辆套着灰帆布的三轮车边，爷爷骑车，孙子坐后座，由于位置太小，奶奶没有跟随上车，而是用东北口音招呼老伴："赶紧走，音乐课别迟了"，看来爷孙俩还要赶个场子。孩子奶奶说，他们来北京照看孙子已经 4 年了。校门口，熙熙攘攘的接孩大军中，操着各种口音的老人占了多数，银发垂髫相伴回家成了普遍场景。

在中国，像上面这两位东北老人一样的随迁老人还有很多。本该在故土安度晚年的老人们，为了帮助子女照顾晚辈、操持家务而漂泊异乡，媒体将他们称为"老漂族"。

国家卫生健康委员会此前发布的数据显示，中国现有随迁老人近1800万，占全国2.47亿流动人口的7.2%，其中专程来照顾晚辈的比例高达43%。他们在异乡过得好吗？他们有什么期盼？

## 天伦之乐与社区"隐形人"

贵州贵阳，一座发展速度惊人的中国西南新兴城市。陈阿姨是这个城市里醒得较早的一批人。每天早上5时，64岁的陈阿姨就起床了。简单洗漱后，她迅速前往附近菜场买菜；半小时后，开始准备早餐。她需要记清楚，孙子不喜欢吃面条，儿媳不爱吃香菜。7时30分前，她必须把孙子送到幼儿园，11时接回家吃饭，下午2时送回幼儿园，两小时后再接回来。上午，陈阿姨要准备孙子的午餐，傍晚还要准备全家人的晚餐。这是孙子上幼儿园期间陈阿姨每天的固定日程。

3年前，从贵州省兴义市一所小学教师位置退休后，陈阿姨便来到贵阳帮着儿子照看孙子。看着孙子一天天长大，和家人享受天伦之乐，陈阿姨感觉"累并快乐着"。

在北京市朝阳区南太平庄社区居住的马阿姨最近心情则很差，屡次想带着孙女回东北农村老家，却说不出口。2年前，她来到北京帮儿子一家照顾孙女。由于不会说普通话、不识字，在这里，她的朋友圈只有儿子、儿媳；能称得上点头之交的邻居只有一个；平均每月在社区遛弯的次数只有一次……这个社区10多栋住宅楼里塞满了几千人，但对马阿姨来说，都是陌生人。只有面对8个月大的孙女时，她才感觉到自己是被需要的。

孩子们回来后，马阿姨也常常感到很失落，"他们回来后，要么看电视、玩手机、逗孩子，要么还要忙工作。我理解，他们白天累了一天，不想说话很正常。"

在北京市朝阳区、丰台区等地走访调查期间，记者发现，缺少朋友、想家、孤独、不适应，成为很多随迁老人的共同特征。由于没有本地户口，医保报销困难，一些"老漂族"甚至不愿意去医院看病。《北京社会治理发展报告（2016—2017）》指出，由于语言和生活习惯的差异，加上亲朋旧友远离等原因，随迁老人与迁入地生活产生隔阂，甚至鲜少出户，成为社区中的"隐形人"。

"'老漂族'正处在'半城市化'过程中。"北京大学人口所教授穆光宗表示，改革开放以来，中国人口处在流动、分离和聚合的巨大变动中，随着迁徙人口的定居化和家庭化，越来越多的老年人作为"从属人口"也卷入迁徙人口的大潮中。城市"老漂族"不断壮大是中国人口城市化水平不断提高的结果，也带有城乡二元结构和户籍区隔的特点——人户分离，同时反映出中国家庭养老模式的合理性和隔代育幼的现实性。

## "连根拔起"与"融入难"

3年前，北京城市学院公共管理学部副教授、中级社会工作师苗艳梅，带着学生在北京市昌平区C社区开展随迁老人社会融合服务研究。她调查发现，这些随迁老人均来自外省市，其中农村、乡镇占了一半，照顾晚辈的占70%。他们对北京的好印象主要集中在能够家庭团聚、交通方便和"首都光环"，不适应主要集中在环境气候、语言交流、风俗习惯、人际交往等方面。

在苗艳梅看来，社会交往缺失是很多"老漂族"思乡的重要原因，"有个老人跟我们吐槽，这边家家户户门都关着，谁也不理谁，哪像我们在老家，住的都是自己建的房子，邻居之间经常互相串门。"

列夫·托尔斯泰说："幸福的家庭都是相似的，不幸的家庭各有各的不幸。"这句话十分适合用于形容"老漂族"的生活状态。老人们与子女共同生活，一方面可以有效整合家庭资源，共同应对养老和育幼的双重挑战；另一方面，当一个随迁老人面临被"连根拔起"的新生活时，家庭成员间的摩擦和冲突很可能加剧。

在和苗艳梅的研究小组认识之前，63 岁的韩阿姨对儿媳的生活习惯忍无可忍。从湖北来到北京帮忙带孙女后，平时很注意节俭的韩阿姨对儿媳的买买买很看不惯。偶尔和儿子说几句，儿子还劝老人不要过问年轻人的生活习惯。她平时做家务、带孩子本来就很累，心里的委屈无处诉说，老伴又不在身边，也没有认识的朋友，从不参与社区活动，重压之下她就一直想带孙女回湖北。

"有的老人甚至将在北京给儿女带孩子当作'有期徒刑'，'刑满'（孩子上学）就能回家了。"苗艳梅说。

更令人不安的是，由于出现社交行为阻碍和融入困难，很多"老漂族"可能产生精神抑郁等心理疾病。有数据显示，在老年群体患抑郁症的人群中，尤以随迁老人居多。

在苗艳梅接触的 C 社区随迁老人中，一个从河北唐山来帮忙带孩子的老人就产生了严重的心理问题。她唯一的女儿因为孩子上学搬到学区房后，留下老人独自在 C 社区生活；后来在老家的老伴去世，更让老人觉得自己是一个累赘。苗艳梅说，老人觉得自己被女儿抛弃了，又回不去老家，成了多余人。

"对'老漂族'来说，离开家乡的最大风险是与包括养老保障、医疗保障、社会交往与熟人熟地等社会支持系统脱离，导致养老风险被无形放大。"穆光宗表示，到了老年期，老年人会固守自己的思维模式和生活方式，执着于"熟人圈子"，抗拒"陌生人圈子"，由此产生的压力感、隔阂感和边缘感等不良心理感受，会影响他们对老年生活质量的评价。

## 让"老漂族"真正快乐起来

如何让"老漂族"快乐起来？这是苗艳梅在研究中想得最多、做得最多的事。

为了让"老漂族"之间、他们与本地老人之间熟络起来，苗艳梅联系当地社会工作站，组建了"你来我往，快乐分享"文化融合小组、随居而安——随迁老人社会支持小组及促进随迁老人融入社区生活等相关活动。从最基础的相互认识，到在养生讲座、法律讲座上踊跃答问，再到积极参加社区组织的歌咏比赛、志愿巡逻，和本地老人结伴买菜，很多随迁老人通过参加小组活动，有了参与社区活动、服务社区的热情，对融入城市也更有信心了。

经过苗艳梅研究小组的心理辅导，以前看不惯儿媳妇买买买的韩阿姨如今能够体谅子女的生活方式，儿子、儿媳也注意考虑老人感受。苗艳梅还鼓励韩阿姨积极参加社区活动，建立自己的朋友圈。如今，韩阿姨走在社区里随处可以碰到熟人，见面都打招呼，"感觉心情开朗多了，生活也比之前有意思"。

"我心安处是故乡。"苗艳梅说，对于随迁老人来说，最怕的是心不安、在他乡的感觉。所以，培养社区归属感很重要，一方面可以让他们住得安心、开心；另一方面，很多老人将来可能留下来养老，越早融入问题越少。

专家表示，漂泊的老年一族要做到老有所安，既要内安其心又要外安其身，这需要家庭支持和社会支持，前者强调孝亲敬老的代际反哺，后者重在破除户籍障碍、医养分离等制度藩篱。

"随迁老人要努力让自己快乐起来。"《快乐老年》一书作者袁志发表示，从随迁老人自身来说，要学会5种快乐：一是学会享受天伦之乐，因为与儿孙团聚，本身也是一种快乐。二是学会交友之乐，要在社区多交友，通过谈天说地、倾诉心中不快来减少烦恼。三是学会运动之乐，可以根据自身身体条件，适当做些运动。四是学会学习之乐，学习能增长知识，提升境界。境界高了，万事想得开，快乐自然就多了。五是学会享受兴趣之乐，要学会培养书法、绘画、唱歌、跳舞等兴趣，"做出一道好菜，也是一种快乐"。

从儿女来说，要对随迁老人有足够关爱。"你如何关爱孩子，就应该如何关爱父母。"袁志发说，儿女要对随迁老人多一些包容、忍让、陪伴、理解。多挤出一些时间，和父母多谈心；多带着孩子和老人外出逛逛。"在放长假时，要带着父母回老家看看，这时候老人一定会有一种特别的快乐。"

此外，为帮助"老漂族"融入城市，政府和社会各方面也要不断努力。在北京市房山区，由该区社工联合会开展的集体做美食、集体生日会、歌唱比赛等随迁老人社区融合项目，让500多名随迁老人在社区找到"家"的感觉。一些养老机构也加入其中。例如，大美枫林公司开展的"壮心苑"项目，正尝试配合社区建立随迁老人服务站，通过开展书法、绘画、歌舞等文化活动，让他们真正快乐起来。

苗艳梅建议，除了政府购买服务，政府还要做好非独生子女的外地户籍随迁老人与迁入地城市社会福利、医保报销等方面的制度衔接。同时要立足未来，健全社区养老照护体系，如设立社区日间照料中心，以缓解随迁老人可能面临的生活难题。

"构建起异地养老的社会支持体系十分紧迫。"穆光宗说，对随迁老人来说，异地养老带来的不确定性、不适应性的风险很大，要妥善协调处理好户口登记制度与社会福利制度的分合机制，该分时分，该合时合，这样才有可能真正实现让"老漂族"将"他乡作故乡"。

（彭训文）

## ◇ 评论：让"老漂族"不再有漂泊感

"少小离家老大回"，在外无论漂泊多久，家乡才是真正魂牵梦绕的地方。现如今，有的老人为了子女，老来漂泊，离开自己生活多年的故土来到城市，有的是为了照顾子女，更多的是为了照顾孙子孙女。

来到城市，应该融入城市的生活，但对老人来说这成了难题。语言上会有沟通障碍，周围没有熟悉的朋友，"隔代抚养"存在观念差异，等等，老人成了"老漂族"。人在城市，可是心无法在这里扎根。

因此，对子女来说，好好照顾老人，让老人能够真正融入到城市生活，是义不容辞的责任。对国家和社会来讲，"老漂族"趋势越来越明显，成为发展道路上不可回避的一个问题，如何提供更有针对性的公共服务是政府的新课题。

子女要让父母有住在"自己家"的感觉。来城市生活的父母要早起买菜做饭、接送孩子，每天从早忙到晚。除此之外，父母就没有其他活动了。久而久之，这会让父母感到孤独。作为子女应多关心父母，多和父母交流沟通。在周末或者法定假日，带着父母出外旅游，一家人共享天伦之乐，这样才能让老人不感到是在外"漂泊"。

政府要提供多种多样的公共服务。"老漂族"的出现与中国城市化快速发展的现实有着密切联系。因为他们多数都是来照顾晚辈，能够让子女更好地工作、生活。因此，国家和社会有责任有义务照顾好这些来到城市的"老漂族"，让他们能够找到归属感。如今，很多地方的社区会组织活动，邀请外来老人参加志愿活动；或者组织交流会，为老人们提供相互熟悉的平台，建立更长久的友谊。国家和社会还应在公共服务上下更大功夫。

"老漂族"自己也应转换心态。离开故土，投入到新的环境，对任何人来说都是一个难题，需要花更多时间和精力去适应。但不应该抗拒这种变化，而是积极主动地去调整，让自己更快适应。

总之，"老漂族"的出现是社会发展的必然结果，也是中国在城市化进程中不可回避的现象。我们应该关注如何让"老漂族"从漂泊变为安定，让老人能够在城市扎根，能够在城市安享好晚年。其实，与子女团聚在一起是好事，而且城市的医疗条件也相对较好，各方应一同努力，让"漂泊"的随迁老人彻底安定下来。

（张一琪）

# 6. 中国人假日越来越多了

---

**核心阅读**

---

统计显示，全国法定假日和周末休息日由改革开放初期的约 60 天增长到目前的 115 天，占全年的比例超过 31%。也就是说，中国人每年有近 1/3 的时间在休假。

劳动者与其说需要"黄金周"，不如说渴求落实带薪休假制度、渴求更高的劳动效率和收入。让休假变得不再奢侈，这才是当前的大问题。这需要国家加大社保、医疗等福利保障力度，企业加大对员工职业技能培训力度，同时提高创新水平、提升生产效率。

在基本实现带薪休假制度前，最好保留全年 3 个"黄金周"，释放消费能量。在基本实现带薪休假制度后，可以淡化"黄金周"概念，并将放假时间以立法形式稳定下来，分散开来，不要每年搞"搭积木"式的东挪西凑。

最近，身边不少人在规划即将到来的端午节小长假去哪儿玩。端午节假期源于 2008 年，从这一年起，国务院规定清明、端午、中秋等传统节日，每次放假 1 天。如今，不仅是节假日，很多人还会选择在双休日进行短途旅行、游览参观。

中国现行休假制度经历了一个长期发展过程。从改革开放初期的一周休息一天，到后来每逢大周末休息两天、小周末休息一天，到

1995年后"双休日"出现，到1999年"黄金周"问世，再到2008年出现3个中国传统节日假期，2015年出现"2.5天休假模式"……假日天数随着中国经济社会发展、生产力和生产效率提高、居民收入水平上升而逐渐增多。

专家表示，进入新时代，人们向往更美好的生活，不仅关心"黄金周"，而且关心怎么把假期休得更好，通过休假提升幸福感。因此，进一步完善休假制度、落实好带薪休假制度，已经显得至关重要。

## 休假变迁契合经济结构调整

中国休假制度几经变迁。新中国成立后很长一段时间，中国实行每周休息一天制度。到1994年，休息时间演化成别具特色的"大小周末"，大周末休息两天，小周末休息一天。再到1995年，双休日正式诞生。把单休日改为双休日，老百姓无形中增加了52个假日。

"休假制度演变最根本的原因在于劳动效率提高，劳动效率又是由科学技术进步决定的。"中国人民大学休闲经济研究中心主任王琪延表示，比如，由手工作坊改为生产线后，人们有了更多闲暇时间，就有了休假条件。

人们最为熟悉的"黄金周"在1999年形成。国务院修订发布的《全国年节及纪念日放假办法》决定，将春节、"五一""十一"的休息时间与前后的双休日拼接，形成3个7天长假。

北京大学旅游研究与规划中心主任吴必虎表示，当时中国经济迅速发展，人们旅游休闲娱乐需求持续增长。1997年东南亚金融危机发生后，通过假日经济刺激消费、拉动经济、促进国内旅游发展，成为共识。同时，"黄金周"给予老百姓充足的休息时间，刺激人们的经济思维从"积累型"向"积累—消费型"转变。

2008年，"五一"法定假期从3天改为1天，意味着"五一"黄金周被取消。同时增加的清明、端午和中秋假期，标志着假日制度开始关注传统文化因素。

如何通过休假帮助人们更好休息，制度层面的探索也在进行。2013 年发布的《国民旅游休闲纲要》提出，"到 2020 年全面推行带薪休假制度"。2015 年 8 月，国家明确鼓励弹性作息，为职工周五下午与周末结合外出休闲度假创造有利条件。"2.5 天休假模式"开始在一些省市施行。

总的来看，随着带薪休假制度落实及国家假日制度改革，居民全年拥有越来越多的休假天数。统计显示，全国法定假日和周末休息日由改革开放初期的约 60 天增长到目前的 115 天，占全年的比例超过 31%。也就是说，中国人每年有近 1/3 的时间在休假。

"中国休假制度的调整，无论是趋势上还是方向上都是正确的，和中国宏观经济结构调整相吻合，也符合国际大势。"中国社会科学院财经战略研究院副教授魏翔说，"黄金周"刚出现时，正契合了中国经济持续上涨期；现在中国经济面临结构升级，休假制度也需要探索调整。

## "共时化"休假现象突出

别小看休假这个生活行为，它和国家经济发展效率相关。

20 世纪 70 年代，很多西方发达国家人均收入上升后，国民幸福感不升反降，被称为"收入—幸福悖论"。经济学家们将人们休闲时间分配方式进行计量分析后发现，其与国家产业效率、人均 GDP 存在相关性。

"休闲时间是沟通国家和个人的桥梁。简单地说，人们怎么生活，我们的国家就会怎么发展。"魏翔说，因此，休假制度的出现，主要是为了保护劳动者权利，同时倒逼劳动效率的提升。

改革开放以来，中国人不仅休假天数在变化，每天的工作和休闲时长也在变化。《休闲绿皮书：2016—2017 中国休闲发展报告》基于 2016 年和 1996 年及其他年份的北京市居民生活时间分配调查数据表明，2016 年，北京市民平均每天工作时间相比 20 年前减少了 27 分钟，有了更多休闲时间。

不过，魏翔领导的中国假日经济测算课题组经过两年的研究后发现，虽然总体上人们休息时间在增加，但休闲观念和休闲质量十分滞后，休息后刺激的产出效率低，"每人每小时产出的 GDP 在国际上排名还比较靠后"。

人们休闲质量不高，原因是多方面的。

放假与休闲的属性有所不同。魏翔认为，放假具有刚性属性，一般来说"只能增加不能减少"。而休闲质量是柔性的。一方面，由于假期与国家经济增长率相关，如果国家经济形势不好时，人们的休闲质量也会受影响。另一方面，休闲质量还与劳动收入、劳动效率、社保制度、医疗改善等紧密相关。比如收入就是决定休闲质量的重要一环，"如果问人们愿意放弃多少收入来增加一天假，人们恐怕很难确定"。

假期结构本身也是一大问题。"将人们在同一时间集中到同一地方休假，这种'共时化'是中国休假制度中的一大特点。"王琪延说，例如，"黄金周"会导致旅游景点和公共服务设施短时间内迎接大量客流，导致人们体验下降。解决策略应该是"分散化"，分散人们的休假时间和空间。但是，如果没有落实带薪休假制度作为基础，取消"黄金周"将可能导致一些劳动者的正当休假权受到威胁。

休闲产业发展不充分是另一个原因。魏翔举例说，日本经历经济高速增长后，人们的收入和自由时间增多，但同时精神疲劳也在上升。动漫产业应运而生，在缓解人们疲劳、激发创新活力方面提供了很大帮助。

除了文化产业，旅游休闲、运动休闲、娱乐休闲、养生休闲等都是提升人们休闲质量的休闲产业类型。王琪延认为，中国休闲产业依然处于发展阶段，未来会有很大潜力。

此外，休闲教育缺乏，也让很多人不懂得怎么休闲。什么是休闲教育？王琪延举例说，比如你想健身，却不知道怎么进行，就需要花钱请教练，教练的工作就是休闲教育。"如果说传统教育教会了人们如何生存，那休闲教育就是教会人们如何健康地生存。"

魏翔认为，应将休闲教育纳入国家教育体系。同时，对于一些开办艺术街区、儿童游艺馆，为城市功能提供配套服务的企业，政府应给予足够支持。

## "分散式休假"代替"黄金周"？

目前关于放假有两种思路。一种是"挪假"，将假期和双休日等结合；一种是"分散式放假"，在放假总天数不变情况下，将假期分散。

从数字上看，中国目前全年公共假期天数和美国相差不大，放假天数基本合理。

在魏翔看来，中国当前需要的不是增加假期总量，而是合理安排一年内的假日结构安排，释放出更多的"结构效率"。他认为，虽然假日增多能提高消费，但同样会带来副作用（如挤占生产时间、降低收入、变相拉大收入差距和对社保产生压力等）。因此，在落实好带薪休假制度前提下，可以用"分散式休假"代替"黄金周"。

"我们的仿真测算显示，在各种参数情况下，对不同行业，在某个月内不论是出现'长节日'或'短节日'，还是同时出现这两种节日，'分散式休假'都是一种优化的休假模式，能带来更高的劳动生产率。"

魏翔说。

然而，"黄金周"表面上是旅游问题，深层次上则是涉及劳动生产率提升的社会问题。很多劳动者支持保留"黄金周"，甚至希望"多增加几天"，原因在于只有通过公共假期制度的刚性约束，才能确保相关企业落实好员工的休假权利。在其他时间内，劳动者特别是很多低收入劳动者需要考虑休假后收入如何保证的问题。即便是带薪放假，能获得基本工资，但没有绩效工资、没有奖金，他们的损失如何弥补？

因此，劳动者与其说需要"黄金周"，不如说渴求落实带薪休假制度、渴求更高的劳动效率和收入。让休假变得不再奢侈，这才是当前的大问题。

魏翔认为，带薪休假难落实的主要原因在于一些劳动密集型企业"买不起假"。从短期看，可以通过监管部门监督企业切实履行带薪休假制度；但从长期看，提升劳动者劳动效率才是最重要的。这需要国家加大社保、医疗等福利保障力度，企业加大对员工职业技能培训力度，同时提高创新水平、提升生产效率。

王琪延则对中国在 2020 年前基本实现带薪休假保持乐观。他认为，到 2020 年后，全国人均 GDP 将突破 1 万美元。劳动效率和收入增加后，人们会增加自我技能提升、休闲教育方面的支出。但他强调，目前需要做好两点：首先，各方要尽快转变观念，认识到提升生活幸福感，需要合理的休假休息时间。其次，完善带薪休假制度实施细则，确保有法可依、执法必严。

他建议，在基本实现带薪休假制度前，最好保留全年 3 个"黄金周"，释放消费能量。在基本实现带薪休假制度后，可以淡化"黄金周"概念，并将放假时间以立法形式稳定下来，分散开来，不要每年搞"搭积木"式的东挪西凑。

（张一琪　彭训文）

## ◇ 评论：在张弛有度中努力奋斗

劳动是财富的源泉，也是幸福的源泉。人世间的美好梦想，只有通过诚实劳动才能实现。而中华民族伟大复兴的中国梦，正在广大劳动人民的接续奋斗中，不断变为现实。因此，尊重劳动者、造福劳动者，维护和发展劳动者的利益，保障劳动者的权利，应当也是中国梦的题中之义。唯其如此，才能让全体人民进一步焕发劳动热情、释放创造潜能，通过劳动创造更加美好的生活。而休息休假的权利，就是劳动者的基本权利之一。

新中国成立以来，中国人民的休假制度，经历了从每周单休，到"大小周末"，再到每周双休与带薪休假的变迁，反映出国家对劳动者合法权益的尊重和保障。

中共十八大以来，党和国家更是高度重视劳动者权益。习近平总书记多次强调"构建和谐劳动关系"的要求，这一重要表述也被写入中共十九大报告中。而保障完善广大劳动人民的休息休假权利，正是"构建和谐劳动关系"的重要组成部分。

2015 年 4 月，中共中央、国务院印发了《关于构建和谐劳动关系的意见》（以下简称《意见》），明确强调要切实保障职工休息休假的权利。《意见》指出，要完善并落实国家关于职工工作时间、全国年节及纪念日假期、带薪年休假等规定，规范企业实行特殊工时制度的审批管理，督促企业依法安排职工休息休假。企业因生产经营需要安排职工延长工作时间的，应与工会和职工协商，并依法足额支付加班加点工资。加强劳动定额定员标准化工作，推动劳动定额定员国家标准、行业标准的制定修订，指导企业制定实施科学合理的劳动定额定员标准，保障职工的休息权利。

中共十八大以来对劳动者权利的切实保障，反映出的是中国共产党在一系列变革中保持的一以贯之的"初心"，那就是始终高扬理想信念、保持和群众的血肉联系、始终代表劳动者根本利益。

同时，保障劳动者休息权利，完善劳动者休假制度，也与当前中国经济结构升级的大势相匹配。

鉴于依靠要素成本优势所驱动、大量投入资源和消耗环境的经济发展方式已经难以为继，习近平总书记提出了"绿水青山就是金山银山"的理念。那么，如何让绿水青山变成金山银山？大力发展生态旅游业，是其中一个重要手段。这就要求劳动者有更多的闲暇与收入，能够投入到旅游之中。这既满足了人民群众对美好生活的向往，又促进了消费升级、结构转型，助力中国在发展与生态之间实现双赢。

《礼记》云："张而不弛，文武弗能也；弛而不张，文武弗为也；一张一弛，文武之道也。"拉得太满，弓弦会断，这是中国人自古以来就懂的朴素道理。劳逸结合、张弛有度，一直是中国人对待学习和工作的态度。对工作日和假期的合理安排，体现的也是这种态度。

幸福都是奋斗出来的，保障休息权利不是不要奋斗，而是为了明天更持久地奋斗。为实现中华民族伟大复兴的中国梦，让我们在张弛有度中不断努力奋斗。

（韩维正）

◇ 他山之石

美国：假期天数可累计

美国人带薪休假可以在一年中一次用完，也可以分成多次使用。假期天数可累计。如果在年中被解聘、自行离职或退休，没有用完的假期可在最后一次工资中折成现金。

### 德国：对不休假个人不给予经济补偿

德国政府机构新员工可以带薪休假 20 天，此后休假天数随工龄的增加而增加，50 岁以上员工每年可享受 30 天带薪休假。德国法律同时规定，人们可以根据自己的实际情况分拆休假日期，但至少有一次休假必须达到 12 天，对不休假的个人不给予经济补偿。

### 日本：除双休日外，每月还有一两个其他假日

日本规定职员有"有给休假"，也就是带薪休假。工薪族假日多，除了星期六和星期日休息外，每个月基本上还有一两个其他假日。

### 加拿大：如员工放弃带薪假，雇主要补偿 4% 年薪

加拿大各省情况不同，一般每年除双休日外，另有 10—12 个法定假日，都安排在星期一或星期五，这样加上双休日就拥有一个 3 天的假期。根据加拿大劳动法规定，雇主每年必须给雇员带薪假期。假如员工放弃带薪假，雇主要补偿年薪的 4%。

### 澳大利亚：每年至少有 20 天带薪休假，还能获得奖励工资

澳大利亚实行的是"带薪假期"制度，除了公共假日外，每年至少有 20 天的带薪休假，还能获得相当于平时工资 17.5% 的奖励工资。

### 法国：每年 6 周带薪休假

法国人是带薪休假制度的最初发起者。现在，法国的带薪休假多达每年 6 周，而且他们每周的工作时间也降到了 40 小时以下。

（张一琪　整理）

# 7. 游戏玩到啥程度才算"病"

━━━━━━━━ **核心阅读** ━━━━━━━━

爱玩游戏并不代表着成瘾，二者不是一回事。对于普通游戏爱好者来说，是他们控制着游戏，而对于游戏成瘾者来说，他们是被游戏控制了。

判断一个人是否行为成瘾有一个根本标准：除了是否具备戒断、耐受和沉迷等相关成瘾症状外，还要看这类行为是否对自己、家人和社会造成严重的消极影响，即其自身社会功能是否丧失或部分丧失。

每一代人都有每一代人的游戏。网络游戏成为这一代"网络原住民"主流的娱乐方式，家长、社会对此应该正视，而不是简单地将网络游戏当作洪水猛兽。

网瘾戒除，应由具备精神疾病诊疗资质的医院来治疗，这将大幅提高准入门槛，淘汰一批冒牌的"戒网瘾学校"。

2018 年 6 月 18 日，世界卫生组织发布第十一版《国际疾病分类》（下称 ICD-11），"游戏障碍"（gaming disorder）出现在成瘾性疾患章节中，引发舆论热议。

"世卫组织把游戏成瘾与毒品成瘾画等号了吗？""我也爱打游戏，怎么突然就变成'精神病'了？"……一时间，赞成者拍手称快，誉其为"一锤定音"；反对者忧心忡忡，斥其被国内媒体曲解。

那么，事实真相究竟如何？沉迷游戏是一种病吗？此次世卫组织新规有何影响？如何帮助孩子健康游戏？

## 问题一：世卫组织是怎么说的
## "游戏障碍""游戏成瘾"指同一种现象

此次世卫组织发布的《国际疾病分类》中，所添条目英文原文为 gaming disorder，直译成中文为"游戏障碍"。有媒体认为，世卫组织并未提及"游戏成瘾"，和人们常说的"网瘾"也根本不是一回事。

那么，世卫组织提出的"游戏障碍"究竟是什么意思呢？根据世卫组织官网原文，"游戏障碍"指一种游戏（"数码游戏"或"视频游戏"）行为模式，其特点是对游戏失去控制力，日益沉溺于游戏，以致其他兴趣和日常活动都须让位于游戏，即使出现负面后果，游戏仍然继续下去或不断升级。按照条目包含关系，游戏障碍与赌博共同列入"成瘾行为障碍"类别，与酒精、尼古丁、毒品等并列在"物质使用和成瘾行为障碍"类别。

因此，从这个意义上说，"游戏障碍""游戏成瘾"等概念，其实指的是同一种现象。

世卫组织的这个判断在国际上另一个精神疾病诊断的权威标准——美国精神疾病协会发表的《精神障碍与统计手册》（DSM）中也可以得到印证。

2013年发布的《精神障碍与统计手册》第五版（下称DSM-5）中，首次设立"网络游戏障碍"条目，并附注：网络游戏障碍，通常也被称为网络使用障碍、网络成瘾，或游戏成瘾。

需要指出的是，DSM-5并没有将网络游戏障碍列为正式诊断项目，而是把它列在附录的"尚需要进一步研究和观察的精神障碍"中。

DSM-5 认为，网络游戏障碍确实有显著的公共卫生重要性，但要将其列为正式诊断项目，还需要更加充足的临床证据。

同时，世卫组织此次发布的《国际疾病分类》并非马上实施，需要在 2019 年世界卫生大会上审议通过，2022 年 1 月 1 日开始实施。在北京大学第六医院特诊科主任田成华看来，ICD-11 实施尚需时日，各国的实施时间表也相差巨大。他举例说，ICD-10 于 1990 年发布，1994 年才由泰国率先实施，而美国 2015 年才实施，还有一些国家现在仍然使用 ICD-9，甚至 ICD-8。

不过，从 2013 年美国精神疾病协会的"进一步研究"，到 2018 年世卫组织正式列入精神疾患，游戏障碍无疑已引起了国际社会的重视。北京回龙观医院临床二科主任牛雅娟表示，世卫组织发布的《国际疾病分类》是通过大量有证据的临床调查，并经由各国专家达成共识后的结果。"这至少说明，游戏障碍已经在世界范围内成了一个不得不正视的问题。"

## 问题二：哪些人属于游戏成瘾者
### 那些被游戏控制的人

在电脑和智能手机普及的时代，几乎每个人都成了游戏玩家。而世卫组织的消息，也引起了部分游戏爱好者的委屈和恐慌：难道爱打游戏就成"精神病"了吗？答案当然是否定的。

牛雅娟说，爱玩游戏并不代表着成瘾，二者不是一回事。"对于普通游戏爱好者来说，是他们控制着游戏，而对于游戏成瘾者来说，他们是被游戏控制了。"

而在操作过程中，把就医者认定为网络游戏障碍也有着非常严格的标准。"我们在精神疾病的诊断中，必须要同时符合症状学标准、病程标准、严重程度标准这 3 个维度才可以做诊断。真正能被这个标准容纳的人是非常少的。"牛雅娟说。

国际最新诊断标准同样强调了多维测量的重要性。ICD-11 认为，就游戏障碍诊断而言，患者行为模式必须足够严重，导致在个人、家庭、社交、教育、职场或其他重要领域造成重大的损害，并通常明显持续了至少 12 个月。DSM-5 也同样要求，只有当手册给定的9 条症状标准中匹配了 5 条或更多时，患者才能被诊断为网络游戏障碍。

北京师范大学认知神经科学与学习国家重点实验室副教授张锦涛做了一个比较：在 DSM 体系中，已被正式界定为精神疾病的赌博成瘾，只需 9 条症状标准符合 4 条即可诊断，而网络游戏障碍目前建议需要满足 5 条才可初步诊断，门槛比赌博成瘾还要高。"显然，在一定程度上，目前对游戏障碍的界定采取了一个更加保守、更为严格的判定标准。"张锦涛说。

因此，普通游戏爱好者不必恐慌，只要能够有效控制自身的游戏行为，想要满足游戏障碍的条件并不容易。

也有舆论质疑，为什么只有"游戏成瘾"是病，而"看书成瘾""跑步成瘾"则不被纳入精神疾病？张锦涛解释说，判断一个人是否行为成瘾有一个根本标准：除了是否具备戒断、耐受和沉迷等相关成瘾症状外，还要看这类行为是否对自己、家人和社会造成严重的消极影响，即其自身社会功能（如学习、工作、社会交往等）是否丧失或部分丧失。"如果不能同时满足这两类标准，特别是并没有给他人、社会带来严重的后果，那只能算一种癖好。"

同时，张锦涛还结合大量影像学实证研究指出，游戏成瘾给成瘾者身体和心理造成的负面影响是客观存在的。已有研究发现，网络游戏成瘾者也会像物质成瘾者一样表现出类似的脑功能和结构上的异常。

## 问题三：游戏会被再次妖魔化吗
## 网络游戏没有原罪

此次游戏障碍入"病"，也引来了部分学者对游戏产业被再次妖魔化的担忧。

"网络游戏没有原罪。"中国艺术研究院学者孙佳山直截了当地说，难道因为有黄色书籍，就不要书籍了吗？因为有暴力电影，就不要电影了吗？

"不管我们愿不愿意面对，新一轮的媒介迭代周期已经向我们走来。"据孙佳山介绍，中国自主研发的网络游戏实现了 500 亿元规模的海外营收；电子竞技也将入选 2022 年杭州亚运会比赛项目。在他看来，这意味着网络游戏及其所依托的网络文艺，将成为未来拉动中国经济增长的文化产业中的排头兵，中国绝不应该放弃这块新兴的沃土。

"对于游戏要理性化、规范化地探讨，不能简单贴上'电子海洛因''精神鸦片'标签，一概拒绝。"孙佳山说。

中国青少年宫协会儿童媒介素养教育研究中心主任张海波也持相近看法。在他看来，网络游戏已经逐渐成为孩子娱乐的主要方式，是一种不能阻挡的趋势。"每一代人都有每一代人的游戏。网络游戏成为这一代'网络原住民'主流的娱乐方式，家长、社会对此应该正视，而不是简单地将网络游戏当作洪水猛兽。"

"网络游戏和任何一个网络产品一样，问题在于使用者如何善用。"张海波认为，网络游戏一方面给学习压力较大的孩子一个娱乐和释放的空间；另一方面也会导致孩子玩游戏时间过长，并有可能受不良内容影响。"这需要家长和孩子建立合理的娱乐生活规则、政府部门出台游戏内容分级制度、企业建立防沉迷系统、学校加强教育引导。”

## 问题四：戒网机构能继续生存吗
## 没有规范化诊断就没有规范化治疗

如果说把游戏妖魔化为“电子海洛因”是一种极端言论，那么把游戏障碍治疗一概等同于电击、体罚，认为游戏障碍列入精神疾病会导致“网瘾电击疗法”卷土重来，则是舆论场里的另一种极端。

长期以来，关于游戏成瘾是否是病、如何治疗在国内存在诸多争议。在牛雅娟看来，世卫组织设立的权威标准，或许恰恰可以有助于减少争议。一方面，科学规范的标准有助于把游戏障碍患者尽早识别出来，避免延误治疗；另一方面，或也有利于控制相关医学概念的滥用，避免可能存在的过度治疗。

“没有规范化的标准，就没有规范化的诊断，更谈不上规范化的治疗。”一些治疗游戏成瘾的民间机构负责人对此感受颇深。

2006 年，拥有医疗资质的游戏成瘾治疗机构——中国青少年成长基地在北京大兴区挂牌。“10 多年来，我们一直被这个行业鱼龙混杂的现状困扰着。”该基地主任陶然说，除他们基地外，中国目前拥有医疗资质的民间游戏成瘾治疗机构仅有 3 家，剩下 100 多家多以培训学校形式开办的“戒网瘾学校”。“每次那些‘戒网瘾学校’一出事，基地就要被舆论推上风口浪尖。”

因此，陶然十分支持世卫组织将游戏障碍纳入精神疾病，他认为此举将使相关治网瘾机构的医疗资质审批更严格，“网瘾戒除，应由具备精神疾病诊疗资质的医院来治疗”，这将大幅提高准入门槛，淘汰一批冒牌的“戒网瘾学校”。

## 问题五：如何让孩子安全网游
## 借新契机推动网游行业规范发展

多数受访人员认为：孩子游戏成瘾本身是一个社会问题，应借用诊断标准规范化契机，通过多方治理，推动网络游戏行业规范化发展。

其中，政府角色至关重要。张海波认为，政府应促进建立健全未成年网络保护方面的法律法规，同时将青少年网络素养教育、网络安全教育纳入公共教育体系中。牛雅娟建议政府支持开展相关研究，尽快建立一个切实可行的网游行业发展模式。

张海波认为，对有可能被未成年人接触并广泛使用的游戏产品，相关制作方应切实履行社会责任，并将道德伦理等贯穿到产品设计、开发、运营中，而不是简单地将责任推给"算法"。

孙佳山建议，在娱乐之外，开发更多功能游戏是推进游戏行业转型升级的重要抓手。"尽管过去几年出现了《韩熙载夜宴图》《榫卯》等功能游戏佳作，但仍处于起步阶段，游戏企业还应具有更充分的行业自觉，开发出更多具有正面主流价值的功能游戏。"

在各方角色中，家庭是预防孩子游戏成瘾的"第一防线"。在陶然看来，孩子游戏成瘾有很多共同特征，家庭教育不得当是一个重要原因。因此，除了对游戏成瘾的孩子进行心理干预，孩子父母也需要进行亲子教育的系统培训。

对于未来，陶然希望能借世卫组织新标准，唤起政府、社会对于游戏成瘾治疗行业的重视和支持。他坦言，如今机构运营成本仍然很高，即便每月收取每名就医者1万多元的费用，也仅是勉力维持。"如果游戏企业能设立戒除网瘾基金，国家能将游戏成瘾治疗纳入医保，对戒网瘾机构给予支持，我们的收费就能大幅降低，帮助到更多游戏成瘾的孩子。"陶然说。

（韩维正　彭训文）

## ◇ 评论：别让游戏"游戏"了人生

2018 年 6 月 19 日开始，世界卫生组织正式将游戏成瘾列入精神疾病，其典型症状是：无法控制地玩游戏、越来越经常地将电子游戏置于其他生活兴趣之前，即使有负面后果也乐此不疲或增加游戏时间。其实早在 2008 年，中国首个《网络成瘾临床诊断标准》就已经将游戏成瘾纳入"精神疾病"诊断范畴。

从中国到世界，游戏成瘾正越来越成为一个世界性的公共难题。尤其是青少年，游戏成瘾不仅影响心理健康，也越来越影响身体健康。甚至为了打游戏，不惜做出一些暴力的行为，最终害人害己，结果就是让"游戏"游戏了人生。

治疗游戏成瘾，除了青少年自己要戒除"心魔"之外，游戏开发和运营公司、家庭也要发挥相应的作用，多方共同努力，才能最大限度、最有效果地帮助青少年戒除游戏瘾。

玩游戏应该合理，不应过度。游戏并不是一个坏的事物，关键是在如何使用上。玩多了，很可能就是沉迷，成瘾。合理玩，反而能够促进青少年的身心发展。青少年还应该多培养一些兴趣爱好。大千世界，五光十色，并不是只有游戏一方天空。美术、音乐、体育等都是青少年可以涉猎的领域，应该广泛接触。

游戏开发和运营公司不要"一切向钱看"。开发和运营游戏是一个游戏公司的主业，是生存的根本。但是不能只瞄准了挣钱，而不顾社会伦理和道德。现在网络上很多游戏充斥着低俗色情、暴力凶杀的内容，更有甚者扭曲历史、传播不良观念，青少年接触到这些内容必然会对身心产生消极影响。因此，游戏开发和运营公司应该多开发一些更适宜于青少年增长知识，增加技能的游戏，同时完善防沉迷系统。

光靠市场自身不能完全解决问题，政府也应该制定相应的法律法规。市场是逐利的，巨大的利益面前，市场的调节不能起到完全的作用。因此政府的这只"看得见的手"应该发挥作用，通过制定相应的法律法规，规范游戏市场，打击传播暴力色情、扭曲历史的游戏，督促游戏公司完善相应的系统。

父母是孩子的第一任老师，家庭教育在防止青少年游戏成瘾中有着不可替代的作用。很多父母本身就是游戏迷，自己就离不开游戏，而天天在身边的孩子耳濡目染，有样学样。还有的父母简单粗暴，为了防止孩子沉迷，采用没收、责骂等方式，结果却是适得其反。尤其是处于青春期的孩子，本来就叛逆，结果就会与父母对着干，变本加厉地玩游戏，最后成瘾。因此，父母应该多和孩子沟通，带领孩子多做有趣、有益之事，营造和谐的家庭气氛，培养孩子的自控能力。同时还要以身作则，要求孩子做到的，父母自己先做到，这才有利于孩子形成正确的价值观。

游戏不是洪水猛兽，不需要谈"游"色变。一味地打压、责备游戏本身并不能解决问题，应该把更多的注意力放在成瘾的人上，想办法戒瘾。人心齐，泰山移。个人、游戏公司、政府和家庭共同努力才能把瘾戒掉，使游戏成为生活的有益部分，而不是人生的毁灭者。

（张一琪）

◇ **小资料**

统计显示，2017 年，中国互联网网民达 7.72 亿人，其中手机上网人数 7.53 亿人，网络游戏用户超过 5 亿人。企鹅智酷联合腾讯电竞发布的《2017 年中国电竞发展报告》显示，2016 年我国电竞用户 1.7 亿人，其中 25 岁以下占据六成。

网络游戏产业连续多年以每年约 30% 的速度增长，2014 年收入 1069.2 亿元，2015 年达到 1330.8 亿元，同比增长 25.3%，其中我国自主研发的网络游戏产品达到 945.4 亿元，占 70% 以上。2016 年我国自主研发的网络游戏的海外实际收入多达 72.3 亿美元。《2016 年中国游戏产业报告》显示，2016 年很多网游月均充值额超过 1000 万元，最高月充值总额超过 8 亿元。

# 8. 人才、人口为何一夜间成"香饽饽"

—————— 核心阅读 ——————

　　一些城市放宽落户条件实际上看准了人力资源储备对增加投资的吸入效应。同时，地方财政压力加大，土地财政遇到了房地产库存的瓶颈，一些城市试图通过降低落户门槛来增加购房人群，也是潜在因素之一。

　　如果仅仅把人才定位于学历技术，而忽视了城市各方面的实际需求，往往会导致引进的人和岗位的脱节，反而不会给城市带来活力。

　　只要凭借身份证和学位证在手机 App 上办理，就能够在半个小时左右落户西安。而且学历要求降低，全日制普通高等院校、中等职业学校（含技校）毕业，或具备国民教育同等学力的人员及留学回国人员均可。西安市近期出台的一项政策成为全国各地"人才争夺战"的冰山一角。

　　2018 年的毕业季又来临。据教育部统计，2018 届全国普通高校毕业生达 820 万人，再创历史新高。但西安、南京、武汉等 20 多个城市却接连出台一系列人才引进政策，送房、送钱、送户口，政策力度之大前所未有，让昨天还发愁"毕业即失业"的高校毕业生们，仿佛一夜之间就变成了各个城市不够分的"唐僧肉"。

　　这场"人才争夺战"为何会发生？在争夺人才的背后，这些城市有着怎样的焦虑？当"硝烟散尽"之后，我们还有哪些可以反思之处？

## 抢人才还是抢人口

据《西安晚报》报道，2018年2月4日上午，西安市186个有户籍业务的派出所共500余名户籍管理民警集体誓师，坚决打赢为期3年的"人才、人口争夺攻坚战"。

"人口"二字，恰好将这场"人才争夺战"划分出两个战场：第一战场是纯粹的"人才争夺战"，以北京、上海为主，其人才引进政策有着较高的学历薪资条件，以及精确的行业领域划分；第二战场则是"人才、人口争夺战"，参战的主力是西安、武汉、南京等其他新一线城市和二线城市，其人才引进政策门槛大大低于北京、上海，甚至许多地区对大学生实行零门槛落户。

为什么这些除北京、上海之外的大城市还需要争夺人口呢？恐怕是因为压力真的来了。

以西安为例。2016年2月5日，西安市对《西安城市总体规划（2008—2020年）》作了修改。根据修改后的目标，2020年西安市域人口规模要达到1070.78万人，其中户籍人口870.57万人。但在2015年末，西安市的常住人口仅为870.56万人，距离目标还有200万的差距。

这也就意味着，从2016年开始，西安市要以平均每年40万人的增速增长，才有可能达标。而现实情况是，从2011年到2015年，西安市在过去5年中人口一共才增长了不到20万人，平均每年不到4万人。

每年4万的增长，显然无法匹配40万的壮志雄心。

数据显示，2016年末，西安常住人口达到883.21万，人口比去年同期增长13万。至2017年末，西安市常住人口已达953.44万（记者按：尽管统计资料中未直接列出，但可由人均生产总值计算得知），人口增长 70 多万。但这 70 多万中要刨去 2017 年由西安托管的西咸新区咸阳片区的 60 多万人口，故西安 2017 年人口的增长应在 10 万左右。显然，即便年均增长 10 多万，距离千万人口的目标也依旧任重道远。

而在"人才、人口争夺攻坚战"的号召下，2018 年前 3 个月共有 23.1 万人落户西安，接近 2017 年全年落户西安的总和。

只有照这个增速下去，加上西咸新区咸阳片区的 60 多万人口，西安作为最新获批的国家中心城市，实现其 2020 年人口规划目标才有扎实的基础。

无独有偶。作为中国大学生最多的城市，武汉却一直苦于留不住人才。据《武汉市统计年鉴》显示，2015 年、2016 年武汉市人口净迁移率分别为 -1.78‰ 和 -0.29‰。人口净迁移率为负，则意味着武汉地区的迁出人口大于迁入人口，也就说明武汉人口吸引力较弱。

穷则变，变则通。武汉在 2017 年就推出"百万大学生留汉创业就业""百万校友资智回汉"计划，打响了"人才争夺战"的第一枪。而 2017 年武汉市的人口净迁移率也一举"扭亏为盈"，达到了 19.78‰。

经济基础决定上层建筑，为了"达标"而展开"人才争夺战"显然仅是表面现象，那么，什么才是各地展开"人才争夺战"背后更为深刻的发展焦虑？

## 人口红利消减让压力显现

2018 年 1 月 19 日，在积极进行"人才争夺战"的同时，南京市也发布了《南京市"十三五"人口发展规划》。其中，南京市政府明确指出，未来南京面临的挑战首先就是"人口结构压力增加"与"人力资本面临结构性短缺"。

文件称，南京市劳动年龄人口比例在缓慢下降，但老年抚养比和少儿抚养比却双双攀升，人口抚养负担日益加重，传统的人口红利已在逐渐消减。同时，南京市经济社会发展对外来劳动力的依赖程度不断增强，劳动年龄人口结构老化、劳动参与率降低，劳动用工成本也在持续攀升。

面对问题，文件给出的解决方案之一，就是积极推进以"宁聚计划"为代表的人才吸引工作，加大外来人口引入速度，不断增强对外地人才的虹吸效应。通过人口集聚与资源集聚提升公共资源利用效率，促使劳动生产率提高与市场交易成本降低。

那么，到底"人才争夺战"发生的深层次原因是什么？它会与中国的人口红利消减和经济动能转换有关吗？

中国社会科学院人口与劳动经济研究所研究员林宝认为，"人才争夺战"与人口形势的变化关系密切。林宝指出，中国 15—59 岁劳动年龄人口从 2012 年开始下滑后，人口红利就开始了下降，从 2017 年到 2018 年则可能正是经济活动人口开始下降的拐点。而这次"人才争夺战"的发生说明人口结构变化的影响已经开始向二线城市、新一线城市甚至是一线城市传导。

"有研究认为，'人口红利'是中国实现经济快速发展的重要原因，而近年来的经济增长减速则与'人口红利'的衰减密切相关。当'人口红利'衰减时，劳动力供给形势发生变化，劳动力成本会显著上升，从而影响经济竞争力；养老、医疗负担加大也会影响积累和投资等，从而影响经济发展。"林宝说。

中国城市和小城镇改革发展中心理事长、首席经济学家李铁表示，中共十九大报告已经明确提出了要加快农业转移人口市民化，中央提出的新型城镇化政策对于放宽落户条件也已经提出了清晰的要求，如国家发改委 2018 年 3 月 13 日下发的《关于实施 2018 年推进新型城镇化建设重点任务的通知》中，就明确"鼓励对高校和职业院校毕业生、留学归国人员及技术工人实行零门槛落户"。

在李铁看来，各城市推进户籍管理制度的改革，一方面是学习中共十九大报告精神、响应中央政策要求的重要举措。另一方面，部分城市放宽户籍管理，也确实存在着一定的经济动机。"吸引产业投资，人力资源储备是关键。一些城市放宽落户条件实际上看准了人力资源储备对增加投资的吸入效应。同时，地方财政压力加大，土地财政遇到了房地产库存的瓶颈，一些城市试图通过降低落户门槛来增加购房人群，应该也是潜在因素之一。"李铁说。

人才的引进将提高当地人力资本，改善人口结构，总体上有利于推动当地经济增长。"如果一些引进人才带来了新技术、新产业，甚至会较快发生作用。对财政收支的影响则需要分短期和长期来看，从短期看，由于大量人才引进，需要兑现对人才的承诺和改善公共服务，因此会加大财政支出；但从长期看，由于人才会带来就业、消费和税收，扩大经济总量，最终会改善财政收入。"林宝解释道。

对于人才引进能够对房地产的发展产生一定的刺激作用，林宝也表示了赞同，"引进人才将扩大房地产需求，对房地产市场会有提振作用。而且人才的加入将壮大缴费人群，改善社保基金收支状况"。

## 人才要抢也要留

抢人才不是目的，让人才为城市发展发挥作用才应该是城市抢人才的初心。但是让人才真正留得下，并不是仅仅有大幅度的吸引政策就可以解决的，还要考虑能不能用好人才同时为他们解决后顾之忧。

在多数媒体欢呼人才春天已来的同时，舆论场中也出现了一部分质疑的声音。这些声音站在清洁工和普通打工者的立场上，认为各地以学历为门槛的落户、住房优惠政策，某种程度上是对城市其他低学历群体的"歧视"。

而城市的公共服务能力又恰恰与这些人口相关，所以在引进人才的同时，需要考虑的是城市低学历群体的就业、落户等相关工作。

"如果我们仅仅把人才定位于学历技术，而忽视了城市各方面的实际需求，往往会导致引进的人和岗位的脱节，反而不会给城市带来活力。"李铁说。随着越来越多高学历人口的进入，也会需要更多的从事简单劳动的人口提供互补性服务，这是城市发展的规律。

以近期大城市中广受诟病的幼儿教育为例，李铁解释了我国城市服务业发展速度很快但质量不高的原因。"原因就在于参与服务的人口，没有通过市民化享受到公平的公共服务。"李铁说，"如果他们在城市的服务业就业中没有长期预期，只有临时就业心理，就必然不会在提高服务质量上进行投入，从而导致服务品质下降，甚至产生极端的短视行为。"

因此各地在接下来的实践探索中，应当把人才定义得更为广泛一些。"能否率先给已经长期在城镇实现稳定就业和定居的外来人口办理落户手续，而不要任何附加的学历和技术条件？他们能够在城市长期居住，甚至通过各项就业给城市提供服务。他们自身虽然不一定有大学以上学历，但是他们应该是城市最具有活力的人才，而且他们的下一代应该都具有一定的学历，能够成为城市创新的继承者。"李铁说。

人才不能尽其用，是"人才争夺战"中存在的风险，该如何趋利避害？

"人才竞争也可能导致全方位的'孔雀东南飞'，造成中西部、中小城市的人才流失，加剧人才不平衡的局面。还有可能出现盲目攀比，为抢而抢，重'抢'不重'用'的情况，造成人才和各类资源的浪费。"林宝说。

要避免上述不利局面的出现，林宝认为，一方面要对大城市的人才竞争行为有所引导，要其有所为有所不为；另一方面要加大对中西部和基层人才的培养力度，建立相关机制鼓励东部和大城市人才反向流动。

李铁认为，应该根据城市发展的各种行业需求来确定人才引进标准。制定城市政策，要考虑到城市的需求，也要考虑到城市的服务质量。同时要尊重市场规律，重点是进一步放宽条件，尊重市场的选择，尊重产业投资者的选择。

（韩维正　张一琪）

## ◇ 评论：迎接人才竞争新时代

近一段时期，一些城市密集出台了大量引进人才的政策措施，引起了所谓的"人才争夺战"。这场方兴未艾的人才竞争是我国人口结构变化和城市发展到一定阶段的产物，标志着人才竞争进入了新时代。

这场人才竞争的典型特点是参与的城市多、规模大、速度快、措施硬。据不完全统计，已经有20多个大城市出台各种吸引人才的措施，加入了这一轮人才竞争；这些参战城市主要是一线、新一线和二线城市，一些还属于控制人口规模特大城市和超大城市；各城市反应迅速，在短短时间内相互跟进；同时，引进人才的措施货真价实，有的大大降低了落户门槛，有的则拿出真金白银进行各种补贴。

人才竞争进入新时代可能意味着几个变化。一是地方之间的竞争尤其是城市竞争从资本领域拓展到人才领域，人才将逐渐超过资本成为最稀缺资源，成为地方政府竞争的主战场。二是人才短缺从中小城市蔓延至大城市、特大城市，人才供求的全局性变化就在眼前，当国内人才竞争进入白热化之后，部分城市将把目光瞄向国际，国际人才将有可能成为下一轮竞争的焦点。三是人才竞争从科教领域拓展至其他领域，全方位的人才竞争正式开始。本轮人才竞争本质上是近年来科教领域人才竞争的升级版，一些地方的人才政策很大程度上是从科教领域人才竞争中拓展而来。

因此，从某种意义上说，本轮人才竞争可能只是人才竞争的前奏，人才竞争将成为新时代的常态。人才是第一资源，城市间的人才竞争将推动人才资源的合理配置，有利于提升人才的利用效率，提高城市的创新能力和综合竞争力。人才竞争还有可能推动城市政府真正认识到人、人口和人才在城市发展中的价值，重新审视与之相关的系列政策，进一步推动户籍制度的放开和公共服务均等化等进程。但是，也必须注意到，人才竞争也可能会出现恶性竞争，产生在科教领域已经出现的区域人才失衡现象，或是产生相互哄抬拥有各类称号人才价格的现象，甚至是无序状态。

迎接人才竞争新时代，要不断推动人才竞争的有序发展。一方面要加强规范引导，避免恶性竞争；另一方面还特别要引导各城市政府注意人才竞争中的公平和效率问题。所谓公平问题，就是政策要有更大的包容性，要兼顾更多的人群，要处理好现有人才和引进人才、人才和其他群体之间的关系，以落户为例，虽然一些城市降低了落户门槛，但实际上仍然并不彻底，在为一部分人打开门的同时，对另一部分人（如达不到学历要求）仍然大门紧闭。财政补贴同样如此，在对一部分人进行补贴的同时可能也意味着会损害另一部分人的利益。如何平衡好这些关系，是下一步人才竞争中应该注意的问题。所谓效率问题，就是要在"抢人"之后做好"用人"这一课，要使引入的人才有用武之地，引得来、留得住、用得好，真正发挥所引人才的作用。

（作者林宝为中国社会科学院人口与劳动经济研究所研究员）

# *9.* 中国迈进"轻现金社会"

━━━━━━━━━━━ **核心阅读** ━━━━━━━━━━━

　　以微信、支付宝为代表的中国移动支付革命和电子商务、共享出行等互联网经济结合，在短短数年时间内令"去现金化"获得了强大的自下而上发展动能。新技术令以往需要数十年时间才有可能实现的电子支付转型、普惠金融等目标，有可能在短期内加速实现。

　　无论何种支付方式都要符合易携带、易操作、易储藏、易监管的要求，还要符合金融的安全性、流动效益性。

　　一个国家的货币体系本质是公共品，现金和货币服务不能具有商业活动的排他性，任何个体也不能被剥夺使用现金和货币服务的权利。轻现金社会看似技术进步的客观必然，但需要对现金和货币存有敬畏之心。

　　出门吃饭或者在街边买个煎饼馃子，也能用手机扫二维码支付，甚至"刷脸"买单；海外"买买买"也可以用手机支付……2017 年，移动支付进入集中爆发期，仅在第三季度，中国第三方移动支付交易规模约达 29.5 万亿元。这一年，中国二维码支付有望突破 9000 亿元市场规模。

　　"中国已成为全球最大移动支付市场，并将引领世界。"国外咨询公司这样推测。可以预期的是，随着电子支付快速发展，现金支付在交易中的比重将不断降低，经济学家构想的"轻现金社会"正悄然而至。

专家表示，轻现金社会给人们带来实实在在便利的同时，也对公民信息安全、支付习惯乃至国家金融安全等带来挑战。如何引导"轻现金社会"健康发展，成为亟待解决的问题。

## 大幅提升交易效率

如今，在街头买一串糖葫芦也能扫码支付在中国已不是新闻。《中国二维码产业发展报告》显示，2017年底，二维码支付突破9000亿元市场规模。另据互联网研究机构易观统计，2017年第三季度，中国第三方移动支付交易规模已达约29.5万亿元，同比大幅增长226.2%。而在仅仅数年前，这一数字还接近于零。

最近，全球知名咨询公司麦肯锡在一份报告指出，中国已成为全球最大移动支付市场，2016年移动支付交易额相当于美国的11倍。而据调研公司益普索的一项问卷调查，26%的中国受访者表示出门只带不超过100元人民币的现金，14%的人已不再携带任何现金。

"随着非现金支付手段不断推广和应用，'轻现金社会'正在形成。"中国人民大学重阳金融研究院高级研究员董希淼表示，从20世纪80年代开始，中国政府已经开始推动在经济活动中减少现金使用、提高非现金支付结算比例。经过30多年发展，如今移动支付在降低社会交易成本，防范洗钱和腐败等方面作用明显，同时便利了民众生活，促进了经济发展，一个消费者、政府、企业都能从中受益的轻现金社会悄然而至。

轻现金社会最显著的特点，是交易效率和速度大幅提升。一项测算表明，在使用现金交易的停车场，一辆车从到收费口到开出，人工找现金平均要用10秒钟，而采用无现金支付，则平均只要2秒钟，这是一种效率成数倍的提升。

中国社科院金融研究所支付清算研究中心特约研究员赵鹞将轻现金社会的正面意义总结为 5 个方面：一是降低交易成本，提高资金使用效率。二是改善市场秩序，建立良好经济环境。三是改进金融服务，助力金融普惠。四是增进社会文明，推动经济社会转型。五是促进经济增长，增加社会就业。

国外分析人士表示，以微信、支付宝为代表的中国移动支付革命和电子商务、共享出行等互联网经济结合，在短短数年时间内令"去现金化"获得了强大的自下而上发展动能。新技术令以往需要数十年时间才有可能实现的电子支付转型、普惠金融等目标，有可能在短期内加速实现。

## 对"走偏"行为需足够重视

移动支付如今已成为一种世界性的时代趋势。与国外不同的是，海外发达经济体在"轻现金化"过程中，路径大都从纸币到信用卡再到移动支付，而信用卡普及率仍不高的中国，则直接进入了移动支付阶段。不过，对于这是否意味着中国移动支付实现了"弯道超车"，多数专家持谨慎态度。

"任何国家的金融工具与金融模式都与其习惯、文化、经济密切相关，各国情况不同，相关监管模式及监管制度也不同，因此不能照抄照搬。"中国政法大学互联网金融法律研究院院长、教授李爱君说，纸币、信用卡和手机只是支付方式不同，而选择什么支付方式与各国公众习惯有关，同时存在路径依赖和黏性。

同时，随着轻现金社会到来，一些问题也逐渐凸显。董希淼认为，技术层面，二维码支付可能产生安全漏洞和隐患。市场层面，部分支付机构可能会挪用备付金或开展不正当竞争，扰乱市场秩序。合规层面，部分市场机构可能会违规收单等。对此，中国人民银行近期出台条码支付新规，实施支付机构客户备付金集中存管并提高缴存比例，以加强对支付清算市场的整治。

赵鹞认为，一些深层次问题仍待解决。例如，轻现金社会会对老年人、文盲、残障人士等弱势群体造成伤害，造成个人敏感信息泄露，不利于个体管理金融风险等。

其中金融信息安全备受关注。在"去现金化"程度已非常高的挪威，很多人认为，取消现金交易会侵犯消费者的隐私权和选择权，而且面临电子支付系统风险。此外，取消现金也不能杜绝金融犯罪。

"数字时代的金融安全不仅仅指资金安全，还包括金融秩序安全、信息安全、国家安全。"李爱君认为，金融支付媒介的目标是用户普遍认可，降低交易成本，支付方式是金融发展和社会选择的结果。因此，无论何种支付方式都要符合易携带、易操作、易储藏、易监管的要求，还要符合金融的安全性、流动效益性。

对于移动支付发展过程中出现的"数字鸿沟""监管失控""数据寡头""不当竞争"等不良倾向，董希淼认为，在轻现金社会推广过程中，相关监管部门应共同发挥作用，仅靠支付机构可能会"走偏"，这需要引起足够重视和警惕。

## "扫净屋子"走向海外

"20美元以上的大额纸币被废除，大额支付全部利用手机和银行卡完成；小额货币被铸造成硬币，将无限期存续下去。"在美国哈佛大学教授肯尼斯·罗格夫最近出版的《现金的诅咒》一书中，他这样描绘轻现金社会的未来。他同时认为，由于现金承载着政治、社会和文化意义，或许人类社会永远也无法摆脱纸币。

赵鹞在《无现金社会仍旧是开放式问题》一文中写道，一个国家的货币体系本质是公共品，现金和货币服务不能具有商业活动的排他性，任何个体也不能被剥夺使用现金和货币服务的权利。他提醒，轻现金社会看似技术进步的客观必然，但需要对现金和货币存有敬畏之心。

不过，包括联合国在内的海内外机构，对轻现金社会到来充满期待。多家机构预测，信用卡、现金的式微不可避免，手机支付甚至生物识别支付将成为主流。

有专家认为，在数字经济时代，谁引领了金融科技技术和应用，谁就将引领金融的未来。如今在起跑线上，中国已经领先，应紧紧抓住这一历史机遇。总的来看，要迎接轻现金社会到来，亟须做好3方面工作。

首先，"打扫干净屋子再请客"。应由中国人民银行牵头，商业银行、支付机构、清算组织等共同参与，进一步完善支付基础设施，如加快"网联"平台建设，推进和规范非银行支付机构发展。

其中，健全和优化社会信用体系十分重要。在海外，"轻现金化"得以迅速发展的一个重要原因，在于其健全的全民信用基础。例如，瑞典拥有建立在个人或企业信用基础上的金融消费体系。信用账单和个人身份证号相关联，只有信用记录良好的个人才能使用这种电子支付方式。个人一旦有过不良信用记录，将会处处碰壁。

其次，加强知识普及。一方面，要通过宣传推广，让更多公众了解各种非现金支付结算方式的特点；另一方面，应加大对相关企业违法宣传推广行为的打击力度，尊重公众支付结算习惯，维护自主选择权。

最后，要进一步推进非现金支付法律体系建设。董希淼表示，应加快《中国人民银行法》《人民币管理条例》《现金管理暂行条例》等修订工作，及时总结电子支付发展背景下人民币形态变化带来的新情况、新问题；加快立法步伐，补齐支付结算领域的法律短板。

近年来，中国银行卡组织和支付机构不断走向世界，不仅让中国人在海外也能愉快地"扫一扫"，同时开始带动当地轻现金社会的形成。

"下一步，要深化与海外国家在支付监管政策方面的沟通，协助'一带一路'国家升级支付服务，持续完善支付与金融市场基础设施，促进支付领域全方位互联互通；同时鼓励中国银行卡组织和支付机构抱团出海，进一步发挥中国银联的带头作用，提高格局和眼界，并尊重当地支付习惯，这样的话，路才能越走越宽。"董希淼说。

（彭训文 贾平凡）


## ◇ 评论：电子支付，中国风景独好

2017年夏，来自"一带一路"的20国青年评选出中国的"新四大发明"——高铁、网购、电子支付、共享单车。其实严格说来，除了共享单车，其他3个都并非中国人的"发明"，但是为什么这些并非中国"土生土长"的新兴产业，却能在中国开花结果，后来居上？要回答这个问题，电子支付的发展比较有代表性。

在中学历史课上，我们常常会遇到一个经典命题："为什么首次完成工业革命的英国，却在第二次工业革命中相对落后了？"答案之一是，恰恰由于英国在蒸汽机时代的"领先"，才导致了其在电气时代的"落后"。这是路径依赖的结果。

与这个答案类似，许多人认为美国作为第三方电子支付的发明者却被中国赶超，其实也是路径依赖问题。美国在之前的数十年发展中，已经形成了成熟先进的信用卡体系。2016年数据显示，美国人均拥有近3张信用卡，而中国这一数字仅达到其1/10。在美国刷信用卡常有优惠返现活动，这使得刷卡不仅是一种根深蒂固的消费习惯，还拥有着较好的用户体验，更增加了信用卡对用户的黏性。这让美国在面对新兴的第三方电子支付技术时，缺乏明显的升级动力。

与之相比，中国的信用消费文化与信用消费设备都不普及，这给电子支付带来了弯道超车的机会。毕竟，对于商户来说，比起购置昂贵的POS机，一个简单而廉价的二维码显然是更好选择；对于广大乡镇用户来说，比起烦琐的信用评估，一视同仁的手机App显然才是上佳之选。就这样，中国几乎毫无历史包袱地跳过了信用卡阶段，直奔电子支付时代。

其次，中国国有银行控制金融命脉，反而成为电子支付迅猛发展的制度优势。在中国，如果能与四大国有银行达成合作协议，则第三方电子支付就几乎可以覆盖中国绝大部分用户。反观美国，据2017年统计，全美共有5000多家银行，9万多个网点，前十大银行拥有的网点仅占总数的32%。因此，中国的金融制度可极大降低电子支付平台的交易成本，而在美国这一困难则会增加许多。

此外，中国移动通信基础设施完善，给全社会提供了几无死角的3G/4G网络全覆盖。甚至在地铁里，人们也可以轻松用手机完成转账、抢红包的操作。这让电子支付在中国获得了充足的使用场景。

或许是历史的巧合，1000年前，中国发明了世界上最早的纸币"交子"；1000年后，中国又引领了另一场支付革命，或许会让纸币成为历史。然而，这场支付革命最终会把我们带向"轻现金社会"吗？一切都在发展之中，一切皆有可能，让我们一起在敬畏中期待吧。

（韩维正）

## ◇ 他山之石

### 美国：数字钱包 +NFC 智能手机支付

2011 年，谷歌公司联合花旗银行、万事达国际卡组织等推出了数字钱包。该钱包主要用于近距离无线通信技术（Near-Field Communications，NFC）支付，也支持线上支付。消费者在 NFC 智能手机上下载谷歌数字钱包客户端，注册一个与银行卡或谷歌数字钱包合作商户的礼品卡、优惠券，就能绑定账户。现场支付时，消费者将手机靠近万事达受理终端，手机自动发送支付信息至谷歌数字钱包绑定的账户，完成扣款。

谷歌数字钱包能够存储消费者线上、线下所有交易记录和打折优惠信息等，并将其同步到"云"，为消费者提供便利。

### 瑞典：商户可以拒收现金

瑞典信息产业发达、国土面积较小，建设"无现金社会"有较好基础。目前瑞典 1600 多家商业银行中，已有 900 多家不再提供现金服务，农村地区不再保留自动取款机，商业企业拒收现金已经合法化。瑞典 SWISH 支付软件可实现全天候银行间转账实时到账，甚至慈善捐款和对流浪汉施舍都可实现电子交易。目前，97% 的瑞典居民持有银行卡，85% 的居民能够通过互联网进行支付。

瑞典 2007 年年均现金流通量为 105 亿克朗，2016 年降为 65 亿克朗，流通中大面额现金使用数量快速下降，1000 克朗现金占 GDP 比例从 1990 年近 3% 降为 2014 年 0.2% 左右。2016 年，瑞典现金交易数量仅占所有支付的 20%，远低于世界平均水平 75%。2015 年瑞典现金交易金额占比仅为 2%，预计 2020 年这一比例将降至 0.5%。

### 丹麦：用电子身份证刷卡消费

丹麦"去现金化"程度非常高。丹麦政府 2015 年向议会提交议案，规定除特殊商户外，服装店、餐厅和加油站等一般机构可不再接受现金。政府推出的居民电子身份证 NemlD 可接网络银行，92% 的丹麦国民持有 NemlD。

丹麦政府要求 18 岁以上公民开设 Nemkoto 银行账户，用于接收奖学金、医疗报销和休假补助。Danske 银行推出手机支付软件 MobilePay，目前已有 1/3 的丹麦国民使用。2015 年，87% 的 16 岁至 74 岁丹麦国民使用网络支付，网络支付量占消费量的 25%。

丹麦金融机构的 ATM 机从 2007 年 3000 多台降至 2015 年约 2500 台，营业网点从 1991 年 2200 多个降至 2015 年的 800 个左右。丹麦流通中现金量 10 年来一直保持在 700 亿丹麦克朗左右。

### 其他国家：限制大额现金使用

在欧盟，法国自 2015 年 9 月起本国居民购物现金支付不得超过 1000 欧元，境外游客不得超过 1 万欧元；西班牙自 2017 年 1 月 1 日起将现金支付上限从 2500 欧元下调至 1000 欧元；意大利新税法规定，自 2016 年 11 月 15 日起，每日从银行账户取款超过 1000 欧元，或每月取款超过 5000 欧元的用户，税务机关将其锁定为"假设逃税人"进行调查。

除了欧盟国家，设置现金交易限额的国家还有牙买加、墨西哥、乌拉圭、印度、以色列、俄罗斯、越南等，限额从等值 4500 美元到 2.5 万美元不等。各国对超额现金交易的处罚力度很大。西班牙对违反限额处以交易总额 25% 的罚款。意大利罚款金额从 3000 欧元至支付金额的 40%，现金支付金额超过 5 万欧元的，罚款至少 1.5 万欧元。

（韩维正　整理）

# *10.*传统村落的"存"与"活"

——— 核心阅读 ———

城镇化对传统村落保护带来的挑战可归结为 3 个方面：一是传统村落因村民迁出而出现衰败。二是村民缺少对传统村落进行保护的意识和意愿。三是对传统村落不规范修缮容易造成"二次破坏"。

由于入选标准不统一，评审机制尚待完善，造成很多乡村"一哄而上"；而监督机制的缺乏，造成一些进入名录的传统村落在使用资金时出现"把买酱油的钱拿去打醋"现象，一些村落因为过度旅游开发而破坏严重。

对于进入名录的传统村落，应该来一次"回头看"，建立完善的传统村落进入标准和退出机制。对于一些不符合标准的，可以考虑将其摘牌、停牌，用警告方式保持传统村落评选和保护的严肃性。

村里的老水车又转起来了、破旧碾坊被改造为时尚咖啡厅，苗家吊脚楼变身干净卫生的民宿……2017 年，贵州省黔东南州台江县交宫村驻村第一书记胡伟很忙碌，他正带领村民按照专家建议改造村子、发展电商。

这个苗族聚居的传统村落，苗家特色的吊脚楼、水车、风雨桥、民族风俗等元素保存完好。几个月前，清华大学建筑学院副教授罗德胤带领团队来到这里，对村子的保护和利用提出改造意见。胡伟说："如今，原本想搬走的村民留下了，游客纷至沓来，村子充满了生机。"

自古以来，大大小小的乡村遍布中华大地。随着城镇化、工业化建设速度加快，一些传统村落正渐渐褪去色彩，甚至消失。自 2012 年起，住建部等 6 部门启动传统村落保护工作。目前，中国传统村落名录已经公布 4 批，总数量达到 4153 个。2017 年，中国已启动第五批传统村落调查，预计总数将超过 5000 个。

在新型城镇化和乡村振兴战略大背景下，传统村落如何接续现代化，留住乡愁？如何让传统村落活起来、动起来？

## 如何协调与城镇化关系
## 让村民看到传统村落价值

乡村特别是传统村落，是中华民族农耕文明的见证，是活着的文化遗产。同时，在现代社会，城镇化建设和工业化建设是任何一个国家迈向现代国家的必由之路，也是一个历史的发展过程。2016 年，中国城镇化率达到 57.35%。

工业化、城镇化进程加快，对广大乡村产生了深刻影响。其中，自然村特别是传统村落消失是特征之一。据统计，中国自然村正以平均每天 80—100 个的速度消亡，21 世纪前 10 年已少了 90 多万个自然村，其中包含大量传统村落。

"城镇化是大趋势，但传统村落保护速度远赶不上毁坏速度的现象亟须纠正。"中国古村落保护与发展专业委员会主任赵琛每年大部分时间都在农村度过，至今已探访 100 多个传统村落。他将城镇化对传统村落保护带来的挑战归结为 3 个方面：

一是传统村落因村民迁出而出现衰败。精准扶贫易地搬迁安置让越来越多村民进城落户或另盖新房，原来居住的村庄及建筑长期无人照看、修缮，逐渐残破倒塌。

二是村民缺少对传统村落进行保护的意识和意愿。他举例说，云南西北部一个白族聚居的传统村落，保留了大量明清时期的精美建筑，但很多村民为了娶媳妇，把雕刻着精细图案的门窗换成现代的铝合金材质门窗。

三是对传统村落不规范修缮容易造成"二次破坏"。一些传统村落修缮交由外来施工单位完成，使用材料、建筑修缮理念等采用城镇建设思路，不仅破坏了原有风貌，还易造成"千村一面"。

《国家新型城镇化规划（2014—2020年）》提出，在提升自然村落功能基础上，保持乡村风貌、民族文化和地域文化特色，保护有历史、艺术、科学价值的传统村落、少数民族特色村寨和民居。

"只有让村民真正看到传统村落价值，他们才会转变观念。"作为乡土遗产保护专家，罗德胤的团队已经完成云南元阳县哈尼梯田村寨蘑菇房修缮、湖南会同县高椅村私塾改造图书馆、贵州黔东南州黄岗村吴家老宅修缮和禾仓民宿改造等传统村落保护改造工程。"当开设的图书馆、咖啡馆、民俗等形成一定经济规模后，村民看到了传统村落的好处，自豪感和认同感获得提升，很多原本打算离开的人选择留下，开始保护和修缮老房子。"

## 如何协调与法律规划关系
## 制定规划防止"一哄而上"

那么，究竟什么村落才能称为传统村落？保护标准是什么呢？

中央文史研究馆馆员、东南大学教授陶思炎认为，能够进入传统村落名录的应该是有一定历史、有遗迹、保存基本完整、人们生活过或正在生活的村庄。"它是物质文化遗产和非物质文化遗产的结合。"

他同时表示，这个标准不能全国统一。对于少数民族村寨，只要村民的居住区域、生活状况能够保持原有风貌，也可以称为传统村落。

中国艺术研究院建筑艺术研究所所长、住建部中国传统村落专家委员会委员刘托则认为，传统村落保护应该保护那些在整体风貌达到一定质量、文化样态继续存续的活态村庄，"有些传统村落已经完全空心化、衰败到难以保护，当地村民也没有保护意愿，就不应在保护之列，可以按照城镇化方式进行改造。"

一些专家坦言，由于入选标准不统一，评审机制尚待完善，造成很多乡村"一哄而上"，争抢进入传统村落名录，实际情况与申报材料出入较大；而监督机制的缺乏，造成一些进入名录的传统村落在使用资金时出现"把买酱油的钱拿去打醋"现象，一些村落因为过度旅游开发而破坏严重。

"对于进入名录的传统村落，应该来一次'回头看'。"赵琛说，应建立完善的传统村落进入标准和退出机制。对于一些不符合标准的，可以考虑将其摘牌、停牌，用警告方式保持传统村落评选和保护的严肃性。

一些地方则开始通过出台相关法律法规方式予以规范。2017年12月1日起，《江苏省传统村落保护办法》施行。办法建立了政府相关部门协调机制，明确了传统村落认定条件，同时对损坏或者擅自迁移、拆除传统村落内传统建筑行为明确了处罚标准。

"传统村落保护发展到今天，很多新问题开始出现，需要冷静地做一些思考和调查研究，出台全国性指导规范和规划，地方也要因地制宜出台配套政策，稳健推进这个文化工程。"陶思炎说。

而在实际操作中，如何协调传统村落保护与一些法律法规的矛盾也考验各方智慧。农村宅基地产权买卖和转让的限制，使村民毁约成本低，造成一些社会资本望而却步。同时，一些传统村落中建筑产权不明确，也加大了保护和利用难度。

新一轮农村土地制度改革试点开始后，土地所有权、承包权、经营权实行"三权分置"。罗德胤鼓励村委会把村民闲置土地集中起来，通过成立合作社方式，或用集体土地使用权和开发商谈判，从而维护合同的长期有效。

罗德胤说："我们正在努力突破政策限制，帮助不愿意在传统村落居住的村民盖新房，将老房子经营权转让给政府，向社会征集使用者；对愿意住在传统民居里的村民，给他们一定经济补贴，但要求他们不能随意拆房和改造。"

## 如何让村民生活现代化
## 激活村落内在生存机制

"虽然大家都认为原生态村庄好处多，但对于农村发展和农民脱贫来说，困难往往更多。"胡伟说，台江县有 36 个传统村落，每个村落都像一颗闪亮的珍珠。由于交通不便，很多像交宫村这样的传统村落一直处于自给自足状态。2016 年驻村后，这里贫穷落后的面貌让他十分忧心。

如何在传统村落保护和农民生活现代化之间找到平衡？这是胡伟的烦恼，也是所有传统村落保护者需要共同思考的问题。

2017 年 6 月，"中国乡村复兴论坛·台江峰会"召开，交宫村迎来了发展契机。从举办乡村复兴论坛到整村改造，从融资到宣传，从扶贫到扶智，从传统到现代，在众多专家学者的帮助下，交宫村打通了传统村落向外推介的"最后一公里"。

"峰会给交宫村最大的影响是村民理念的更新。"胡伟说，从筹备峰会到峰会结束，村里不仅环境更干净、苗家吊脚楼的卫生改造更顺畅，而且村民的眼光发生了变化，"他们意识到村里的老房子、水车等老物件的价值，对周围一草一木更珍惜了。"

如今，胡伟带领村里的年轻人做起了电商，世代农耕的苗民们学会了把一些特色农产品进行精美包装后往外出售。胡伟说："只有改善农民的生产生活条件，传统村落保护才能实现可持续。"

中共十九大报告提出实施乡村振兴战略。那么，传统村落保护如何培育与其价值相适应、与环境承载相契合的业态，实现乡村可持续发展？

"传统村落产业发展要面向未来，不能只走旅游开发这一条路。"刘托表示，一味强调乡村旅游，会造成传统村落的同质化和过度商业化，破坏原有文化生态。

刘托说，"要激活传统村落内在的生存机制和活力，根据自身特点发掘那些'人无我有，人有我优'的部分，打造特色农业、观光农业、传统手工业等，让村庄依托自身自然条件、社会条件持续生存下去。"

## 如何协调保护和开发关系
## 让文化生态活起来

传统村落是农耕文明的"活化石"，也可以成为乡村发展的"摇钱树"。究竟是在开发中保护，还是在坚守中保护？这是一个难题。

目前，一些传统村落商业化氛围过浓、开发同质化、村民边缘化问题凸显，很多传统村落丧失了原真性。

"传统村落保护不能见物不见人，要注重维护整体的文化生态。"陶思炎说，不仅要保护老房子、戏台等古物，还要关注戏曲、游戏、传统节日活动、民俗生活等反映地方人文历史的要素，发掘民间故事、神话传说、谜语笑话等口陈资料，赓续当地传统道德伦理观、宗教信仰观、审美情感等精神文化。

陶思炎同时表示，开发带有拓荒性质，需要慎重。可以选择一些次要的传统建筑进行改造和开发，但大规模开发需要统筹村民、学者、社会力量等，根据当地条件、文化传统、资源禀赋，经过充分论证来选定。

专家们一致认为，要恢复村民在传统村落保护、利用、开发中的主体地位，提升他们的主动性和积极性，不能将他们边缘化。

住建部相关负责人表示，下一阶段保护发展任务将以复苏传统村落为重心，在加强保护的同时，更要重新激发其活力，推动中国传统优秀文化在现代化建设中得到继承弘扬。

在实践中，活化利用正逐渐成为共识。浙江省松阳县四都乡平田村，一年中有200多天云雾缭绕，100余户人家依山而居，"村落—梯田—山水"的完整格局，让平田跻身第三批国家传统村落名录。

当村民逐渐下山进城，闲置的老房子谁来照料？

拥有乡愁情结的平田村老支书江根法将村里空置损毁的十几栋老房子租赁过来，交给罗德胤团队将其整体改造为民宿。曾经在都市逐梦的女孩叶大宝回到村里，成为松阳县云上平田农业旅游开发有限公司总经理，负责相关经营。2016年底，修缮完毕的老屋作为民宿对外开放，餐厅、青年旅社、民宿住宿区、展览馆、农耕馆……让平田的人气越来越旺。

罗德胤说，平田村的实践证明，传统村落改造可以用最小损耗延续其使用价值，实现传统村落的活态保护。

"我们要呵护、支持那些回到家乡，从事传统村落保护、利用和开发的人，因为他们绝大多数是真正热爱村庄的，而不是只看重商业利益。"赵琛说。

（贾平凡　彭训文）

◇ 评论：小村庄大历史

今天的人走进传统村落，到底期待看到什么呢？青山绿水，田园风光，青瓦白墙，黄发垂髫？抑或只是在乡村的平淡自然中暂时忘却城市，做一个短暂的，记不清内容的，淡淡的梦？

对于城市人来说，乡村似乎只要淡淡的就好，可真实的乡村并非如此简单。

2012 年，笔者到浙江省建德市辖区一个名叫"上吴方"的村庄进行田野调查，村子很小，至今也仅有几百人。我在村中测绘老建筑的时候，偶然在一幢老房子的二层杂物堆里，发现了几本名叫《左绣》的破旧线装书——这是《左传》的一个版本，上面还有旧时的批文。经常做村落调查的人都知道，若在农村发现《四书》并不稀奇，因为《四书》是旧时科举的考试用书，很普及。然而《左传》非常罕见，其中有太多的先秦古语，非常难读；而且书中有很多夺嫡篡位、弑兄弑父的故事，因此常用一本删节了所有悖逆之事的《胡传》取而代之，用作标准的考试参考书。所以在民间，《左传》是非常少见的。

那么，《左绣》怎么会出现在一个普通的小村庄里呢？笔者对此百思不得其解。

几年后一个偶然机会，笔者翻阅《宋元学案》，发现南宋以来，浙江中部曾有一个地方性的儒学学派，名叫金华学派。金华学派的创始人吕祖谦，在当时是声名堪比朱熹的著名学者，他是研究《左传》的专家，一生中写了很多与《左传》相关的历史著作，教出的学生也多擅长历史研究。宋元两代传承下来，后代人称他们为"金华学派"（明初的宋濂、方孝孺都是这一学派的学者）。

原来在浙江中部的茫茫大山之中，历史上竟隐藏着许多精研历史文献的高人。这些高人并不满足于在书斋做冷冰冰的学问，他们热衷于到村中讲学，其中的一个名叫金履祥，号仁山，也是金华学派的顶尖学者，他的家乡就在今天浙江省兰溪市的桐山后金村，距离笔者前面提到的上吴方村，不过半小时车程。当地人说，金履祥历史上曾在兰溪、建德乡村开设书院讲学，周边村落多受其泽被。例如上吴方村《玉华方氏族谱》上记载，方氏家族七世祖曾"游仁山先生之门，得理学渊源之上"。今天上吴方村的祠堂外门上，依然悬挂着"仁山仰止"匾，意在纪念历史上所受之恩惠。事实上，方氏家族也的确有祖先，修习《左传》，记载在家谱当中。原来这就是那本《左绣》的由来。

大山中那个不过几百人的小村庄里，地方文人们一代代传习着一本永远不会在科举考试中考到的书，也许每一代人中，能够读懂这本书的人不过一两个人，但就是这样一种"非功利"的知识，却在中国的乡村中绵延传承下来。

听起来好像天方夜谭一般。不过在宋元两代，的确有很多精英知识分子，到农村开坛讲学，希冀用自己的知识、道德和人格的力量，成就一个更好的社会。今天来看，他们中很多人的确成功了，因为不论社会如何变迁，那些知识、道德和人格的力量，都在乡村里无声无息地绵延下来。

我想，这才是中国乡村的文化深度所在，也是未来的学术研究和文化旅游可以探索的地方。今天的人们走进乡村，仿佛只是走进一场梦，其实梦里，还有另一个庄周！

（作者张力智为哈尔滨工业大学深圳研究生院讲师）

## ◇ 他山之石

### 意大利：立法保护遗产

传统村落或者城镇是国家物质或者非物质文化遗产的重要组成部分，法律保护极为重要。1964 年，在意大利威尼斯召开的从事历史文物建筑工作的建筑师和技术员国际会议第二次会议通过了《威尼斯宪章》，这成了欧洲国家保护文物、遗产的国际通则。

### 日本：开发保护结合

日本村落保护很少出现大拆大建现象，大多只是针对个别村落、独立住户进行的小规模改建、修缮。日本在进行村落保护中，政府注重与当地民众的沟通和配合，让民众参与到村落的保护和开发中；将保护和开发相结合，对村落中的展览建筑进行重点改造。

### 法国：国家审定维修

法国对古建筑的保护中 40% 的资金来自政府，旧居的 50% 的维修费用由政府负担。为保护古城的完整性，法国会专门划定区域建设现代小区，解决住房问题。

法国还规定对古城区的建筑不得随意拆除，维修或者改建都要经过国家审定，国家会给予资助。

### 英国：民间力量参与

在古城保护宣传、推动制度建设等方面，英国的民间团体起到很大作用。1877 年，英国第一个全国性的古迹保护团体"古建筑保护协会"成立。自此之后类似团体如雨后春笋般出现。这些团体还通过推动立法来影响政府决策。民间团体的参与让英国古城古迹保护成为一种民间自觉。

（张一琪　整理）

# *11.* 限塑令，还须硬碰硬

=== 核心阅读 ===

消费者使用习惯难改、厂家生产成本较低，这两种因素助推了一次性消费文化的逐渐形成。

废弃塑料回收和利用是低污染排放、低消耗、高效率的过程，并承担着为全社会实现大量废弃塑料减量化、资源化的任务。经过 40 多年发展，我国已经形成了再生塑料回收和再利用的完整产业链，很多领域在国际上是领先的，我们应该扭转传统观念，对这个行业更加重视、在政策上更为倾斜。

在"限塑令"的调整中，不能简单地扩大"限塑令"适用范围，也不应依赖价格调整等单一手段，而是要提升治理能力，该限则限，能禁则禁，以期最终实现"限塑令"的初衷。

在电商平台京东上，很多消费者对一家叫"绿色再生产品馆"里卖的衣架很感兴趣。它是用 100% 的再生塑料制成的。虽然它的架身有点脆，但消费者依然"买账"。有顾客留言说："我每次晾衣服的时候都会温柔一些；我原谅它的缺陷，因为它是一个有故事的衣架。"

塑料是我们每个人在生活中都会接触到的物品。它的优点很突出，但由随意丢弃带来的污染也很严重。为减少塑料污染，越来越多的再生塑料制品正进入公众生活。

在中国，大规模的"限塑"还得追溯到 11 年前《国务院办公厅关于限制生产销售使用塑料购物袋的通知》（简称"限塑令"）的实施。11年来，塑料包装使用经历了一个过山车式的变化：实施初期，"限塑令"在限制塑料袋使用、遏制白色污染方面起到重要作用。然而，随着快递、外卖等行业逐渐火爆，"限塑令"效果开始逐渐弱化。有调查报告显示，无论是线上还是线下零售场所，执行"限塑令"的情况都不容乐观。

目前，国家相关部门正在研究调整"限塑令"。2018年7月，《中华人民共和国固体废物污染环境防治法（修订草案）（征求意见稿）》正式向公众征求意见，包括塑料袋在内的塑料生产、销售、使用、回收等有望实现有法可依。

那么，"限塑令"下一步应如何调整？如何回应公众、环保组织、塑料回收企业等各方的不同诉求？

## "限塑令"实施遭遇新情况

11年前出台的"限塑令"主要内容包含两个方面：一是在全国范围内禁止生产、销售、使用厚度小于0.025毫米的塑料购物袋。二是所有超市、商场、集贸市场等商品零售场所一律不得免费提供塑料购物袋。

11年来，"限塑令"执行效果如何呢？对这个问题的回答需要区分两个时间段。实施前期，"限塑令"效果十分明显。据2013年国家发改委公布的《"限塑令"实施以来的主要成效》显示，从2008年到2013年，超市、商场的塑料购物袋使用量普遍减少2/3以上，全国主要商品零售场所塑料购物袋使用量累计减少了670亿个，累计减少塑料消耗100万吨。

不过，近年来，随着商场等执行"限塑令"力度减弱，加上快递、外卖等使用塑料"大户"兴起，"限塑令"效果逐渐弱化。

2018 年，社会组织零废弃联盟发布《限塑令十周年——商家执行情况调研报告》（下称《报告》）。《报告》显示，北京、深圳等 9 地 1101 家受调查线下商品零售场所中，提供不合规塑料袋店铺比例为 78%，其中只有 89 家同时做到标识完整、厚度达标和收费这 3 项要求。除大型超市和全国连锁便利店外，其他类型门店有九成左右并未执行限塑令关于收费的要求。

"塑料袋收费的价格和方式都存在问题。"零废弃联盟相关负责人谢新源表示，目前塑料袋价格在 0.2—0.5 元之间，消费者购买时没有负担；很多商家自行加价售卖塑料袋，所获利益也是归商家，导致"限塑令"被一些媒体诟病为"卖塑令"。还有一些商家因为担心顾客流失，也愿意免费提供塑料袋。

同时，一次性塑料替代品泛滥也是"限塑令"效果弱化的重要原因。《报告》显示，45% 的受调查超市提供平口袋、封口袋、保鲜膜等其他塑料膜。大型超市和全国连锁便利店是免费提供这些不受"限塑令"约束的塑料膜的主要场所。谢新源说，这意味着塑料垃圾总量不一定减少，反而有可能增加。

这种现象在国内一些禁塑地区也有所体现。一家民间环保组织近期对国内某禁塑地区进行的调研显示，该地区对商家提供塑料购物袋的禁令执行得较为严格。同时，一些商家开始免费提供劣质的无纺布袋，消费者也往往使用一次就丢弃。该环保组织负责人认为，由于无纺布材料是聚丙烯，本质上也是一种塑料，污染问题并没有得到彻底解决。

中国物资再生协会再生塑料分会副会长、秘书长王永刚表示，总体来讲，"限塑令"主要作用是减少塑料袋的使用。实施以来，一些质量低劣、厚度太薄的塑料袋、一次性包装等从源头上得到控制，塑料袋质量变好了，"白色污染"治理效果也十分显著。但近几年，外卖、快递行业用塑量不断增长，"这既与行业增长过快有关，也和人们消费习惯难改、回收难度增大有关"。

## 回收利用研发进展慢

从人们直观感受看，塑料垃圾特别是一次性塑料垃圾有增多趋势。消费者使用习惯难改、厂家生产成本较低，这两种因素助推了一次性消费文化的逐渐形成。受此影响，在生鲜、餐饮等行业一次性包装问题尚未解决的情况下，网购、外卖等新业态又加入了"用塑大军"，导致垃圾清运处理系统压力巨大。

过度使用塑料制品所产生垃圾造成的影响是明显的。首先，这是对资源的巨大消耗。有数据显示，目前我国塑料垃圾产生量中有一半是一次性塑料垃圾，与我国每年进口用于生产塑料的合成树脂量大致相当。

其次，与塑料垃圾相关的环境健康风险也不容忽视。中国人民大学环境学院副教授朱芬芬表示，我国现在还没有低成本的100%可降解塑料运用，所谓的可降解也局限于一定范围内，人们视觉上无法发现的塑料颗粒仍存在于自然中，且降解速度非常缓慢。

北京理工大学博士毛达表示，如果公众在投放塑料垃圾时没有做到准确投放，城市又缺少单独的回收处理体系，把塑料与其他垃圾混合处理，那么可降解塑料袋实际上仍然得不到有效降解。

那么，对塑料进行有效回收再利用情况如何呢？

据了解，目前，我国废弃塑料的回收主要来源是工厂、公众。再生塑料企业回收后，先进行清洗等预处理，在采用熔融造粒、改性等物理或化学方法对废旧塑料进行加工处理，得到新的塑料原料，并对塑料进行再利用。不过，这些年来，再生塑料企业在研发成本更低的环保塑料及回收再生方面进展缓慢。

"这主要和企业的生产成本增大有关。"据王永刚分析，随着全球经济调整，再生塑料企业的税负压力、环保成本、管理成本、人力成本等持续增加，吞噬了企业的利润空间。

以税负为例，据他介绍，一家再生塑料利用企业每年的流转税及附加平均税负为9.02%，远高于国内工业企业平均值4.5%。同时，由于废旧物资收购发票被取消，企业从个人、家庭以及拾荒者手中取得的可利用废旧塑料物资无法开具相应的税务发票，从而使企业缴纳的增值税增高，并难以享受企业所得税优惠。

此外，由于我国塑料回收体系不完整、不规范，一些废弃塑料流向了无环保资质的小作坊、黑作坊。王永刚说，由于在废塑料回收价格方面远低于小作坊，很多正规企业在回收上竞争实力不足。

"我想强调，废弃塑料的回收和利用是低污染排放、低消耗、高效率的过程，并承担着为全社会实现大量废弃塑料减量化、资源化的任务。经过40多年发展，我国已经形成了再生塑料回收和再利用的完整产业链，很多领域在国际上是领先的，我们应该扭转传统观念，对这个行业更加重视、在政策上更为倾斜。"王永刚同时表示，实践表明，"限塑"是一场硬仗，不进则退，只能硬碰硬，全力打赢。

## 整个链条应共同努力

文首提到的那款"有故事的衣架"，是中国物资再生协会再生塑料分会和京东合作的一个尝试。这家"绿色再生产品馆"不仅卖绿色再生的衣架，还有地毯、垃圾桶、收纳盒、购物袋等。王永刚说，此举的目的是唤起人们对塑料回收和循环利用的认识，提升相关企业在产品研发和生产方面的积极性。

如果将塑料问题比喻为一条河，那么河清海晏的实现，需要整个链条的共同努力。

王永刚认为，从链条前端的回收环节看，首先要倡导消费者进行垃圾分类。其次，对工厂、居民提供的废弃塑料，要进行流向监管，保证其由正规企业回收处理。"一个城市还应该建立与其经济发展水平相适应的功能配比，不仅要配备足够的废品回收站、垃圾回收公司，还要提升其管理能力和技术水平。"

从后端的利用再生环节看，减轻企业负担是重点。王永刚建议，提高废塑料综合利用企业增值税即征即退比例，切实降低企业税负。同时，探索恢复废旧回收企业税收优惠政策，如免征增值税、启用废旧物资收购发票等。

目前，"限塑令"调整已经列入了有关部门议程。2018年初，国家发改委表示，正在按照"限制一批、替代一批、规范一批"原则，分领域、分品类研究制定防治塑料垃圾污染的政策文件。

专家表示，在"限塑令"的调整中，不能简单地扩大"限塑令"适用范围，也不应依赖价格调整等单一手段，而是要提升治理能力，该限则限，能禁则禁，以期最终实现"限塑令"的初衷。

2018年7月，《中华人民共和国固体废物污染环境防治法（修订草案）（征求意见稿）》向公众征求意见，废弃塑料污染治理有望实现有法可依。

有专家建议，政府设立专项补贴基金，将消费者购买塑料袋费用中的绝大部分纳入该补贴基金，用于补贴废弃塑料袋的回收与再生利用加工企业，鼓励废弃塑料袋的环保回收利用。同时国家应出台相关政策，促进快递企业扩大使用各类绿色环保包装材料，并限制物流、快递、网购以及外卖等行业中的过度包装。

谢新源建议，从政府管理角度来说，应该对塑料膜/袋类用品进行清单管理。对进入回收系统、填埋场和焚烧厂的混合垃圾，以及散落到正规垃圾处理体系之外的塑料垃圾进行调研，制定禁用和限用清单；还应加大对黑作坊打击力度，防止低价劣质无纺布袋等代替塑料袋的材料横行市场。鼓励流程创新，对能真正减少一次性塑料膜袋类使用的可重复使用项目予以政策倾斜和相关补贴。

"对每个公民来说，把塑料和其他垃圾分开是每个人都能做到的。塑料回收企业可采取'不分类，不收运'、计量收费、混合垃圾与分类垃圾差别化收费等措施，以保证废弃塑料实现源头减量。"谢新源说。

（彭训文）

## ◇ 评论：限塑、禁塑需要全民参与

2018 年 8 月初，智利成为南美国家中第一个颁布"禁塑令"的国家。无独有偶，新西兰政府也宣布，2019 年起全国范围内禁止使用塑料袋。这证明，禁塑、限塑正在世界范围走向实践。

中国也不例外。早在 2007 年，国务院就颁布了"限塑令"，要求超市、商铺等停止免费提供塑料袋。"限塑令"从 2008 年开始执行，至今已经 11 年。11 年来，限塑取得了很好的成绩。

但是，目前的情况依然不能乐观。"限塑令"只是要求有偿提供，并没有禁止。很多人都愿意花几毛钱买一个塑料袋，认为既实惠又方便。伴随着电商物流业不断壮大，其所带来的塑料袋污染问题也日益严重，仅仅 2017 年的"双十一"，就产生超过 10 亿个塑料袋，而且多数不可降解。

因此，舆论场上对于限塑的话题讨论越来越热烈，甚至有很多声音求直接禁止塑料袋使用。国家相关部门表示，正在研究制定新的"限塑令"。其实，限塑也好，禁塑也罢，不能仅仅依靠政府制定政策，还应该鼓励民众、相关企业全面参与其中。

将电商物流、外卖等行业纳入限塑的通盘考虑之中。现在满大街的外卖小哥、快递员所送的货物，大部分都使用塑料袋，并且不可降解。因此，如何减少外卖、电商物流行业中的塑料袋使用，是政府在研究制定新的"限塑令"时应该着重考虑的问题。

激励电商、外卖等行业减少塑料袋的使用，鼓励科技公司加强可降解塑料研发。此前，许多公司推出了一系列措施来减少塑料袋使用，比如共享快递盒等。这种做法值得鼓励。但更加治本的方法是在科技上下功夫，在资金、人才、税费方面加强对研究可降解塑料公司企业的支持，帮助它们尽快研究出既优质、又廉价的可降解塑料或者其他绿色产品，减少不可降解塑料生产。

民众应该养成绿色生活理念，自觉地加入减少塑料袋使用行列。要鼓励民众使用布袋，或者可降解的塑料制品。尤其是针对外卖、电商等，让民众不可随意丢弃塑料袋，鼓励民众循环使用。

总之，为限塑禁塑负起责任的，不应该只有政府，企业、个人都应该负起相应责任。只要全民参与限塑禁塑，让塑料袋这种白色污染消失的一天就能到来。

（张一琪）

◇ 专家观点

最好的办法是减少一次性不可降解塑料的使用。大型连锁餐饮企业等应优先选择可降解塑料制品，国家也应制定外卖塑料餐盒质量标准，通过标准介入逐步淘汰不可降解塑料。

——国家城市环境污染控制技术研究中心研究员彭应登

塑料制品之所以替代了其他材料制品，成为生活中的必需品，很大程度上是因为价格低，价格低的原因又在于塑料制品对环境的污染没有被计入成本，而是由全社会承担了。如果将环境代价计入塑料制品价格，那么塑料制品就会变得昂贵，就有可能被其他材料替代。因此，减少塑料制品消费不仅要在消费环节发力，也需要在生产环节发力。

——中国社会科学院社会学研究所研究员王晓毅

"限塑令"很有意义，但不能只停留在倡导层面，也要更加注重强制性的要求。比如，进一步从法律法规层面细化相关规定，明确违反相应规定的惩处措施。监管部门也要进一步强化监督与检查。

——武汉科技大学资源与环境工程学院副院长王黎

应该在政策制度和执行层面，建立起一个从塑料袋生产、销售到回收的完整生态链，用更多元的市场手段，在最大限度降低社会成本的前提下，控制"白色污染"。

——中国政法大学副教授陈忠云

# 12. 电动自行车：姓"自"不姓"机"

**——核心阅读——**

"新国标"明确要求电动自行车需要具备脚踏骑行功能，并对最高速度和整车重量做了调整，厘清了长期以来电动自行车到底是自行车还是机动车的问题，带动其回归自行车出行本质，也符合自行车交通服务城市的初心。

在新时代，城市居民需要更省力方便的新型交通工具。"新国标"如果能带动人们更新观念，摆脱对小汽车的依赖，促进更多新型绿色交通工具出现，那将善莫大焉。

"总有一些电动自行车，每次像风一样从我身边擦过，让人提心吊胆。"家住北京市朝阳区双桥地区的小孙，骑电动自行车上下班已经两年多了，但他感到越来越不安全。

经过近 20 年发展，特别是随着快递、外卖等行业兴起，电动自行车成为短途出行的重要交通工具。目前，中国电动自行车产业规模世界第一，年产 3000 万辆，社会保有量约 2 亿辆。很多电动自行车越来越大、越来越重、越来越快，已经严重威胁人们生命财产安全和道路交通安全。

2018 年 1 月 16 日，工业和信息化部、公安部、国家工商总局、国家质检总局（国家标准委）4 部门联合发布《电动自行车安全技术规范》（下称"新国标"）国家标准报批稿，向社会公示 30 天。相较

1999 年的《电动自行车通用技术条件》，"新国标"对电动自行车各项技术指标进行了全面提升，被誉为电动自行车行业"史上最严'新国标'"。

那么，"新国标"将对消费者、生产者、销售者及政府监管部门带来怎样影响？目前大量存在的"超标车"到底是姓"机（动车）"还是姓"自（行车）"？电动自行车行业未来如何实现高质量发展？

## 确保共同利益最大化

中国最早的电动自行车标准于 1999 年出台，名为《电动自行车通用技术条件》（下称《条件》）。中国电子技术标准化研究院标准管理与服务中心主任郝文建说，由于时代发展，标准严重滞后，使得近 20 年来电动自行车行业"肆意生长"。此次"新国标"出台，标志着《条件》正式进入历史，电动自行车行业迎来严格监管时代。

安全性、强制性和标准化，是"新国标"的三大特点。工业和信息化部消费品工业司司长高延敏具体将其总结为"二二一二"。第一个"二"是指堵住了两大漏洞：一是将现行标准部分条款强制修订为全文强制执行；二是针对现在电动自行车出厂以后出现的改装现象，增加了防篡改要求。第二个"二"是适当提高了两项指标：最高车速由 20 千米每小时调整为 25 千米每小时；含电池在内的整车质量由 40 千克调整为 55 千克。第三个"一"是强调电动自行车必须具有脚踏骑行功能，这是将其纳入非机动车管理的前提。第四个"二"是增加了防火阻燃、淋水涉水等两项安全内容。此外，"新国标"还规定，电动自行车电机功率由 240 瓦调整为 400 瓦。

"新国标"带来的影响是明显的。对于消费者来说，电动自行车安全性更高了，同时对骑行者也提出了更高要求。"为了大家的共同安全，我完全赞成将电动自行车速度和重量降下来。"小孙说，他家到单位有 12 千米，骑自行车太累，买汽车摇号太难。为此，他在 2016 年购买了一辆电动自行车。但现在一些骑行者，不仅在道路上车速极快，还和机动车、自行车抢行，甚至逆行，让他每次出行都提心吊胆。

此前，通过从网络学习破解知识，他将车改装为目前最高时速可达近 50 千米每小时，车重近 60 千克，已不符合"新国标"要求。他表示，如果以后交管部门有要求，他会按照规定去上一个电动摩托车牌照。

高延敏表示，"新国标"实施后，对于消费者已经购买的不符合新标准的电动自行车，将由各省、自治区、直辖市政府根据有关法律规定和当地实际情况，制定出妥善解决办法，通过自然报废、以旧换新、折价回购、发放报废补贴、纳入机动车管理等方式，在几年内逐步化解。

对于企业来说，改革"阵痛"在所难免。"'新国标'对我们来说是一个重要消息。"浙江绿源电动车有限公司董事长倪捷表示，公司已经开始认真研究"新国标"中的技术细则，力争在半年到 1 年的过渡期内，完成新产品研发、生产线调整和库存产品消化工作。

"这也为公司提供了新的发展方向。"倪捷表示，"新国标"实施后，公司将朝着两个方向转型升级：一是根据"新国标"改造现有生产线，设计、生产新的电动自行车产品；二是向主管部门申请电动摩托车项目核准，生产和销售电动摩托车或电动轻便摩托车产品。

专家表示，"新国标"实施后，不会过多增加企业生产成本和消费者使用成本。据测算，新标准实施后，每辆电动自行车生产成本将增加 200 元左右。同时，随着相关配套零部件厂家增多、采购成本下降、一次性投入逐渐摊薄等因素，企业成本会逐步降低，因此不会给消费者购买造成较大影响。

## 回归本性强调安全性

长期以来，电动自行车在满足人们短途出行的同时，也存在着发展不平衡不充分问题。

由于非法改装，很多电动自行车产品性能已接近机动车。工信部调查显示，实际使用中部分电动自行车最高车速超过 40 千米每小时，重量超过 70 千克，超标车比例接近七成。记者在北京市多家电动自行车销售市场调查发现，很多电动自行车增加了车长，去掉了脚镫子，改装了动力系统，摇身变成"小摩托"。一些销售者甚至暗示消费者可以从网上学习破解程序，快速实现车辆增速。

这种乱象带来的是安全事故频发和人员伤亡大幅上升。据统计，5 年来，电动自行车肇事致人伤亡的事故起数、死亡人数年均分别上升 8.6% 和 13.5%。

因此"新国标"正本清源，首先即明确规定，电动自行车指以车载蓄电池作为辅助能源，具有脚踏骑行能力，能实现电助力或电驱动功能的两轮自行车。这意味着目前的超标电动自行车、电动摩托车、电动三轮车都不再属于电动自行车。

"总的来说，电动自行车姓'自'而不是姓'机'。"清华大学交通研究所副所长杨新苗表示，"新国标"明确要求电动自行车需要具备脚踏骑行功能，并对最高速度和整车重量做了调整，厘清了长期以来电动自行车到底是自行车还是机动车的问题，带动其回归自行车出行本质，也符合自行车交通服务城市的初心。

他分析说，电动自行车车重和速度存在一定正比关系。车辆越重，高速下保持稳定的能力越强。55 千克重的电动自行车具备速度达到 50 千米每小时的能力。根据测算，电动自行车时速 50 千米时，出现事故时有 80% 的致死率。"如何让 55 千克的电动自行车不开到

50 千米时速，需要骑行者自律和监管者他律同时发挥作用。"

同时，电动自行车安全性能低、非法改装现象也加剧了火灾发生。郝文建表示，经过对这些事故原因的调查分析发现，目前绝大多数电动自行车产品车身材料基本不具备防火阻燃要求，一旦发生短路等电气故障，30 秒内即会出现明火，着火后 3 分钟火焰温度可上升至 1200 摄氏度，并迅速引燃周围可燃物体。

为此，公安部 2018 年 1 月下发《关于规范电动车停放充电加强火灾防范的通告》（下称《通告》），明确严禁在建筑内的共用走道、楼梯间、安全出口处等公共区域停放电动车或为电动车充电。《通告》中，电动自行车、电动摩托车和电动三轮车都被纳入监管范围。此次"新国标"也在增加车辆材料防火性能、阻燃性能要求外，在说明书中增加了关于电动自行车的使用安全提示。

在杨新苗看来，从城市管理者和交通部门角度看，从根本上解决电动自行车目前存在的各种问题，推动电动自行车"自行车化"而非"摩托车化"是更好的发展方向。他认为，杭州、上海、北京等城市，可通过设置和完善更高的地方标准，采用更为接近自行车的电动自行车产品，提升城市品质，降低管理成本和事故出现风险。

## 引领绿色出行新时代

近年来，各地开始积极探索通过地方立法规范加强电动自行车管理。例如，上海、江苏等地实施目录公告管理，对电动自行车进行注册登记上牌，并加强对驾驶人的教育管理；福建福州、泉州等地通过对超标电动自行车设置过渡期、以旧换新、折价回购等措施，逐步消化存量；广西南宁等地则强化了通行秩序整治。

"新国标"向社会公示以来，部分省市电动自行车行业协会积极筹备召开符合新标准的车型对接交流会，展示按照新标准指标制作的样车。

倪捷表示，绿源未来将把精力主要放在这几个方面：一是加大锂电池研发和推广力度；二是增强电动自行车刹车制动性能等安全性指标；三是从技术上限制电动自行车车速，最大限度上做到防篡改。他同时建议对"新国标"相关条款进行科学修订。例如，适当提升最高电压，进一步综合考量防触电与防过热之间的关系；应对电动自行车具备脚踏骑行能力进行科学测试和鉴定，以切实降低骑行者安全隐患。

政府部门相关落实工作也在展开。工信部正在修订国家标准《电动摩托车与电动轻便摩托车安全要求》，符合该标准的可列为机动车。

公安部交通管理局副局长李江平表示，公安部将指导各地公安交通管理部门，继续加大对电动自行车闯红灯、逆向行驶、占用机动车道行驶、乱停乱放等违法行为的查纠力度，切实维护好道路通行秩序。

国家工商总局消费者权益保护局副局长陈奕辉表示，工商部门将重点做好三方面工作：一是指导各地工商、市场监管部门，强化流通领域电动自行车产品质量的监督检查和查处力度，监督相关经营单位落实好主体责任。二是加强部门间涉企信息归集共享，对违法车企实施联合惩戒。三是引导经营者和消费者增强全民交通安全意识。

杨新苗则提倡全社会关注电踏车运用。他表示，电踏车保留了自行车骑行能力，同时用电力辅助骑行，在骑行过程中始终需要人力参与，车不踩不走，是欧美市场里人们中短途出行的重要工具，而且很多产品由中国企业生产。

"在新时代，城市居民需要更省力方便的新型交通工具。'新国标'如果能带动人们更新观念，摆脱对小汽车的依赖，促进更多新型绿色交通工具出现，那将善莫大焉。"杨新苗说。

（贾平凡　彭训文）

## ◇ 评论：自行车还是摩托车，这很关键

《电动自行车安全技术规范》（简称"新国标"）甫一发布就引起公众热议。支持者为相关部门安全第一、生命至上的原则点赞，质疑者则为一个千亿元级产业的骤然转型感到担忧。那么，到底该如何看待此次"新国标"的发布。笔者认为，确立电动自行车、摩托车分途原则是关键。

一场交通悲剧中，肇事方是自行车（非机动车）还是摩托车（机动车），在责任认定上有着天壤之别，可是受害者身上实际的物理伤害，却不以法律上的定性为转移。物体由于运动而具有的能量，只与质量和速度有关系，动能定理就恒定不变地摆在那里。

一辆速度和重量都已达到摩托车水准的电动车，在交通肇事后又挂出"自行车"身份来为自己卸责，这已经在各地交通事故案件中多次出现。其实，只要翻开任意一本驾照就知道，所有的摩托车，包括"轻便摩托车"，都要上牌照、拿驾照后方可上路行驶。既想享受摩托车的便利，又只承担自行车的责任，这种双重标准，国家当然没有理由保护。

那么，该如何区分机动车与非机动车呢？这样的技术标准我们不是没有，其实早在 1999 年就有了"老国标"，只不过随着时代发展，"老国标"因为没能与时俱进而沦为一纸空文。

因此，此次"新国标"的出台具有强烈的问题导向性。不仅着力解决近 20 年来交通事故与安全事故中的隐患和痼疾，而且也为电动自行车技术标准适度"松绑"，在重量、速度、功率限制上都有放宽。

然而在一些生产企业看来，交通安全或许并不是唯一的思考路径。中国有句老话叫积重难返。上亿辆的"超标"车存量，数百万的

直接从业人员，另外数百万的相关行业人员如外卖员，他们该怎么办？对于这样一个千亿元级产业来说，1年的过渡期是否有点短？

又如，车身的轻型化必然带来动力电池的大洗牌。过去沉重的铅酸电池将大概率让位于轻盈的锂电池，但后者的成熟度却不像前者那样成熟。是依赖落后但稳定成熟的旧事物，还是追求先进却存在风险的新事物，这是一切改革都必须要面对的抉择。必须承认，生产企业对此是无法忽视的。

"超标"电动车已成为一个综合问题，涉及生产、销售、上路、管控等诸多环节。"新国标"从生产环节实现了源头治理，基本可以控制增量，但如何妥善消化存量，降低各方损失，则是接下来其他环节要共同发力之处。例如，引导外卖员这类对车速与载重有刚需的群体，尽快上牌照、拿驾照，纳入摩托车管理范畴。对不需要车速与载重的群体，则分别采用报废补贴、回置换购等措施，逐步完成过渡。

总之，应让渴望将电动自行车速度和载重提升至摩托车水平的人承担起驾驶摩托车的义务，让其他骑行者感到安全。

（韩维正）

◇ 他山之石

日本：严控电动助力供给

日本只允许不同比例助力控制系统的智能型电动自行车上路，严厉禁止全电动自行车上路行驶，并且规定电动自行车车身重量不超过28千克。日本还要求电动自行车行驶速度低于15千米每小时，电动自行车行驶所需人力必须大于电动助力；速度在15—24千米每小时，电动自行车行驶速度每增加1千米每小时，人力需上升1/9，电动助力需下降 1/9；当速度超过 24 千米每小时时，电动自行车驱动需全靠人力，车辆电动助力系统自动关闭。

日本通过严格控制电动自行车电动助力的供给，以达到控制电动自行车行驶速度的目的，使得电动自行车的安全行驶得到一定技术保障。

### 德国：上路需考驾照上保险

在德国如果想要骑行电动自行车，必须去专门的培训机构通过严格培训并考试合格才能取得驾驶资格。

在骑行过程中驾驶员必须佩戴配套的安全头盔，而且骑行者需要购买相应的特定保险。如果电动自行车骑行者在行驶过程中有逆行、非法占用人行道、闯红灯等违法行为，在德国处罚金额相当高，这样一来规范了骑行者的使用素质，为电动自行车的安全出行又增添了保障。在严格的管理措施下，德国相关部门还为电动自行车的出行提供各种便利设备，如在电动自行车出行较多地区配有专门的充电站，相应的非机动车道也在逐渐增加。

### 澳大利亚：末端路面管控

澳大利亚没有对电动自行车最高行驶速度、是否具有脚蹬等技术要素提出相关要求，只要功率低于 200 瓦的电动自行车，不需要注册登记就可直接上路行驶。如果电动自行车出现违章情况，管理部门只按照普通自行车进行处理。

澳大利亚在路面管控环节中有严格要求，如，电动自行车在自行车道行驶，或者在行人密集的道路行驶时，必须将电动助力关闭；车灯必须按照具体规定使用，前灯必须为白色、后灯必须为红色，且可见度不低于 200 米等。

当电动自行车辅助动力超过 200 瓦时，视为小型摩托车，按照摩托车相关规定进行管理，购买时注册登记，车辆驾驶人需要获得相对应的驾驶证资格。

（韩维正　整理）

# *13.* 中国很安全

———————————— **核心阅读** ————————————

从历史上看，中华文化的形成是多民族文化融合的结果，具有很强的包容性。中国人热情、友善，外国人来到中国，一般不会存在安全上的焦虑。

中国严格推行社会治安综合治理领导责任制，各地党政一把手要负责社会治安，出了问题一票否决。与西方国家相比，中国社会治理的持续性和为民性都是优势所在。

目前由社会矛盾激化引发的治安案件，很大一部分原因在于政府社会管理能力和科学化程度不强，与社会的需要还有不小差距。

最近，有一个问题引发各国网友讨论，随后又"出口转内销"，引发中国网友的关注——"中国有多安全？"

问题的答案似乎有些一边倒，很多来过中国旅行，或是在华工作和学习的外国人，都对中国的治安环境竖起大拇指。类似的经历、相同的感受，看上去很有说服力。

看到老外纷纷点赞中国治安，很多中国网友这才发现，自己颇有些"身在福中不知福"。当然也有人质疑，这些评价到底靠不靠谱？

中国真的安全吗？外国人为何觉得中国安全？就此话题，记者采访了相关专家。

## 细节之处显优势

外国人对中国治安的好印象，大都来自日常生活体验，正所谓"没有比较就没有鉴别"。记者梳理发现，老外的安全感主要表现在以下几个方面：

第一是深夜敢出门。这也是外国人反映最集中、体会最深切的细节。

瑞典演员蒂莫西·皮洛蒂曾在中国学习过两年京剧，他说，在北京即便是深夜独自外出或聚会后回家，也不必担忧人身安全。相比之下，深夜在欧洲城市独自外出则让人担心。

巴西人热娜伊娜·西尔维娅，曾在华居住和工作6年。她说，巴西很多大城市都存在严重的治安问题，尤其对于女性来说，独自外出时走什么路线、几点前回家，都是一门学问。但在中国，这完全不是问题。

美国网友迈克尔·弗里德曼则讲了自己的一件"囧事"："在深圳，我经常在凌晨遛弯，但不会在旧金山和纽约这么做。有一次凌晨4时，我在公园溜达，听到树后有响动，吓得半死。结果过去一看，是一群老人家在打太极拳。"

第二是安保措施严，尤其是地铁等公共交通设施的安全与便利，让来华外国人印象深刻。

在上海工作的贝尔蒂说，中国的地铁站都设有安检口。即便是深夜在城市公共交通设施里，也从来没有不安全的感觉。

美国华人小提琴演奏家夏三多说，芝加哥与北京等中国大城市不可同日而语。在芝加哥坐地铁，如果在靠近门口的位置看手机，列车进站开门的瞬间手机就可能被抢。她在乐团的许多同事都曾有过被抢劫的经历。

第三是禁枪有力度。相对于美国等允许普通公民持枪的国家，中国对枪支的严格管控让人放心。

43岁的柯比·马克西经常往返于上海和约翰内斯堡两地。他说，中国政府禁止持有枪械，这一条就足以让他没有任何安全上的顾虑。

27岁的非洲裔美国人马修·贝尔提到了美国枪支泛滥问题，他说，这种问题在中国不存在，甚至令他有些"不适应"。

第四是治安管理细，中国维护公共安全的决心体现在每一处。

法国埃克斯—马赛大学研究生朱尔·伊扎克说，中国政府在维护公共安全方面的努力有目共睹，比如人流密集的地方都有身穿制服的警察维持公共秩序，有效杜绝了危险品在公共区域的出现。

现居瑞典的华人莎伦·葛（音译），分享了自己在青藏高原上的一次见闻：在青海和西藏之间的铁路上，尽管海拔已高至4000米，荒无人烟且天气极端，沿途依然有士兵站岗执勤。

第五是公众热情高，无论是来中国旅游、学习、工作、生活，都能找到归属感。

生活在贵阳的外国网友法尔赞·萨法维写道："在贵阳，我充分体验了美好、善意和当地居民乐于助人的热情。中国就是一个让你永远不会感觉孤单无助的国家。"

现居泰国清迈的英国人史蒂芬·怀特黑德认为，中国比泰国更加安全，这归功于中国人更友善、礼貌以及人们不携带武器、警方安保得当。

## 社会治理很中国

中国为何安全？中国人民公安大学国际警务执法学院副院长刘宏斌教授认为，首先在于中华文化和中国社会的包容性，外国人来到中国，不会面临跨文化的敌意。

刘宏斌说，虽然西方对于人权保护有严格的规定，但是文化上的对立仍然很普遍。外国人到了其他的文化环境，往往会面临主流文化的歧视，但在中国就不存在这一问题。"从历史上看，中华文化的形成是多民族文化融合的结果，具有很强的包容性。中国人热情、友善，外国人来到中国，一般不会存在安全上的焦虑。"

从文化的角度出发，也有观点认为，中国社会文化崇尚稳定，摒弃暴力。曾在中国工作过 10 年的加拿大人雷·科莫说，在中国，暴力不被政府和社会等任何一方接受，朋友间相互影响的"同侪压力"对遏制犯罪非常有利，因此中国的再犯罪率很低。

对于外国网友反映集中的控枪等因素，刘宏斌指出，中国的确不存在西方面临的枪支、毒品泛滥等问题。他特别提到，"黄赌毒"是诱发各种社会治安问题的隐患。一直以来，中国对于"黄赌毒"的治理比较彻底，再加上对治安的严格管控，使涉枪等严重暴力犯罪案件减少，社会秩序持续改善。

数据也支持这一论点。2016 年，中国全国的命案只有万余起，命案率仅十万分之零点六左右，许多地市没有发生一起重特大案事件，全国严重暴力犯罪案件比 2012 年下降 40% 以上。而在美国，仅 2016 年，各州枪击案就造成 15039 人死亡、30589 人受伤，其中数百名伤亡者都是不足 12 岁的儿童。

社会治安的状况与社会治理水平密切相关。刘宏斌说，中国长期开展社会治安综合治理，如实施社区警务战略、平安社区、乡村建设等，织牢了社会治安防控网，不存在比较严重的社会治安"乱点"。

"中国政权稳定、社会局势没有动荡，也为社会治安创造了基础。"刘宏斌说，社会治安也是社会政治的表现。中国严格推行社会治安综合治理领导责任制，各地党政一把手要负责社会治安，出了问题一票否决。与西方国家相比，中国社会治理的持续性和为民性都是优势所在。

刘宏斌认为，在中国，每次重大的警务战略行动，解决的都是群众关注的社会治安问题。中共十八大以来，中国大力推行公安执法规范化建设，警民关系更加融洽；一批高科技成果运用到警务工作中，"天网工程"在各地普及，既震慑了犯罪分子，也提高了百姓的安全感；警务工作更加贴近公众需求，警察对案件处理更规范，群众对公安机关的满意度也在提高。

"从小处说，违法犯罪的原因就是小事没人管。"刘宏斌说。群众的事儿有人管，社会治安就好办，这些"一枝一叶"的关情之举，让暴力行为得到了有效控制。

## 警务执法国际化

"真是没有想到能在罗马看到中国警察在这里巡逻。出游之前，我听说罗马的治安可能有一点不安全，有团员因此取消了行程。但是通过自己的亲身体验，感觉还安全。特别是看到我们自己的民警在这里巡逻特别高兴。"看到中国警察出现在罗马街头，在意大利旅行的一名中国游客激动地说。

2017年6月，中国公安部派出8名民警赴意大利，在罗马、米兰、佛罗伦萨、那不勒斯等4个中国游客较多的城市与意大利警方开展联巡，这已是中国警察第二次赴意参与联巡。与此同时，2017年"五一"前后，4名意大利警员也与中国民警一道，在北京、上海等地的部分旅游景区进行联合巡逻。

越来越多地开展跨国警务合作，更重视海外公民安全利益的保护，让中国人的安全感蔓延到了全球。

刘宏斌说，随着国际化程度的提高，各国人员、企业交流日益密切，警务工作的深度和广度也越来越大，对于警务工作者的跨国交流能力、执法能力提出了更高的要求。近年来，中国实施了一系列警务合作举措，如猎狐行动、合作打击跨国电信诈骗、签订警务合作条约、外派警务联络官等，推动警务执法合作走向国际化。

当然，面对外国人对中国治安的称赞，欣喜之后同样应当冷静思考。在世界进入风险社会、国内各类矛盾复杂程度加深的情况下，如何实现国家的长治久安，是一项大课题。

从社会角度而言，刘宏斌认为，目前由社会矛盾激化引发的治安案件，很大一部分原因在于政府社会管理能力和科学化程度不强，与社会的需要还有不小差距。因此，政府要提高社会管理能力。在公民道德修养方面，中国公民的道德修养与社会发展不同步的问题比较突出，公民社会教育比较薄弱，亟待丰富教育内容和手段，帮助群众遵纪守法、居安思危。

而从公安工作方面来说，刘宏斌表示，公安机关要根据社会发展，提高执法能力和素养，对社会治安加强预测预警预防，依法严惩犯罪，更好地满足社会对公安工作的需求。

（刘　峣）

## ◇ 评论：治安防控凸显国家治理能力现代化

外国的月亮一定比中国圆吗？至少在社会治安治理上，这个问题的答案是否定的。很多在中国生活或旅游的外国朋友认为，中国政府在维护公共安全方面的努力有目共睹，在中国很安全又放心。

中国的社会治安治理为什么赢得世人点赞？我想，应该把这个问题放到历史维度中去分析、解答。正是因为中国政府付出巨大努力，并进行了40多年的探索，才有了今天的社会治安环境。

改革开放以后，随着中国经济体制改革不断推进，社会结构开始转型。对于任何一个国家来说，这时必然要面对一些社会矛盾，这些矛盾最为激烈的表现方式便是违法犯罪。1983 年，中央实施"严打"措施，社会治安综合治理转变为一种国家行动。

为防止治安形势出现反复，2001 年，中共中央和国务院出台《关于进一步加强社会治安综合治理的意见》，被看作中国建立和完善社会治安防控体系的标志性举动。其中最让国人熟悉的就是 110 指挥中心开始起重要作用。

随着时代发展和技术进步，这种防控体系也在逐渐革新。2009年，公安部提出要全面加强社区防控网、街面防控网、视频监控网、单位内部防控网、区域警务协作网和"虚拟社会"防控网等"六张网"建设，实现对社会治安防控的全天候、全方位、无缝隙、立体化覆盖。

特别是在 2015 年 4 月《关于加强社会治安防控体系建设的意见》出台后，社会治安防控体系进入国家与社会共建的新阶段。这个阶段最明显的表现是，各地投入很多资金打造的"天网"（视频监控系统）工程，实现了对社会治安的动态掌控和对违法犯罪的精确打击。"地网"（街面、社区、单位巡逻员、治安信息员等群防群治力量）工程，则在预防犯罪、维护治安方面起到了关键作用。例如，以"朝阳群众"为代表的北京市实名注册的治安志愿者，总人数达到 85 万，峰值时达到 140 万。

回过头来看，中国社会治安防控的逻辑演变，经历了由地方到中央、再到"政府＋社会"的变化。防控主体的这种变迁也是中国国家治理能力逐渐现代化的一个缩影。

社会治安是公共事务，更需要国家和社会的多方参与，构建一个公共事务管理的联合体。40 多年的实践证明，中国在社会治安防控方面走的这条路是正确的、可行的、可供借鉴的。

（彭训文）

## ◇ 他山之石：各国社会治安一瞥

### 日本：退休警察担任交番相谈员

日本在社会治安治理方面的一大特色是推行"交番相谈员制度"。交番和驻在所是日本警察的基层单位。基层警力的主要职能是负责所辖地区的守望、执勤、值班、巡逻、联络和应急处理等，预防民众日常生活中可能发生的危险，为民众提供各种伤害的预防指导服务，完成所辖地区民众的巡回走访，沟通与民众的关系，获取民众支持和信任，搜集所需的情报资料等。

交番相谈员负责接待来访的民众，了解他们的需求，记录、处理民众反映的社区事件及情况，协助好社区警察的工作。交番相谈员一般由退休警察担任，他们经验丰富，业务精通，能保证随时为居民提供服务，增强民众的安全感，有效处理各种特殊事件。日本警方通过设立交番相谈员制度，推动了社会治安的好转。

### 新加坡：实施邻里守望计划

1981 年，新加坡成立犯罪预防局，开始实施系统的犯罪预防战略。邻里守望计划是其中的一项。新加坡警局开始实施 24 小时办公制，派警员巡逻和走访，为民众提供各种服务。通过不断与民众近距离的接触，使民众了解警察、熟悉警察、理解警察、信任警察，逐步参与到犯罪预防活动中，进而成为一支预防和抑制犯罪的重要力量。

新加坡警方把"邻里警察站"设立在社区附近，有利于为社区民众提供 24 小时警务服务，更有利于警务人员及时了解社区民众的详细情况，实现与社区民众近距离沟通和交流。邻里守望计划的实施，推动了新加坡警民关系的改善，使民众理解警察和信任警察，增强了亲身参与社区安全治理的积极性，密切了与警方的合作，促进了破案率提高，抑制了犯罪发生。

## 美国：零容忍政策

零容忍政策是警察在具体执法活动中贯彻的政策。

1982 年，美国政治学家提出了"破窗理论"，普遍被认为是零容忍政策的理论根据和学术支持。他们认为，不符合道德规范的行为、轻微犯罪和重大犯罪一样，都会造成社会大众对受到犯罪侵害的恐惧感，因此社会治安最根本的措施，就是要从各种反社会的行为和轻微犯罪着手，使其没有机会转变为重大犯罪。具体做法包括：下放警务工作权；对有轻微违法行为的人员严格依法逮捕拘禁，不论其发生的具体背景和具体情形；运用计算机系统监控高危场所和人群，为警务人员提供准确连续的情报信息。

纽约警察局大力推行零容忍政策后，城市治安状况得到了改善，1994 年到 1997 年，全市犯罪率下达 37%，凶杀案件犯罪率甚至降低了 50%以上，达到了纽约近 30 年以来犯罪率的最低点。

# 14.直播答题：是风口，还是一阵风

**核心阅读**

与其说直播问答题目涉及的是知识，不如说是一种娱乐的麻醉剂。直播问答涉及的知识习得，和传统形式的知识系统不符，它将知识停留在一种取消了严肃性的层次上，只带有知识的部分元素，改变了知识的方向和意义。

人类互动与知识层次有关，越是观点、思想越需要互动，相反基本信息往往缺乏互动。由于资本对知识互动不感兴趣、不愿意介入，目前很多新媒体将知识、观点进行信息化、平面化处理，回避了较为深入的互动。

应该借助直播答题这个契机，不仅让人们对知识有一个重新认识，让学知识轻松起来，更要让人们对碎片化知识和系统性知识习得的认知，有一个根本性转变。

"有560箱西瓜，每辆货车一次运60箱，如果一趟运完需要多少辆货车？"

"几辆？几辆？"20岁的天津高校学生马刘松通过语音与微信群里的答友热烈交流着。在10秒钟时间里，他要从选项"8辆""9辆""10辆"中选择一个正确答案。经过紧张讨论，他选中了正确答案"10辆"，和近20万人进入下一轮答题；而200多万答错的人只能退出或使用一张"复活卡"。最终，他成为15万名答对全部12道题的一员，获得 20 元奖金。

这是 2018 年 1 月 29 日晚由西瓜视频举行的一场奖金达 300 万元的"百万英雄"直播答题活动，吸引了近 260 万人参与。

2018 年的新年钟声刚刚敲响，直播答题突然火遍中国，现实版"知识就是金钱"火热上演。"冲顶大会""百万英雄""芝士超人""百万作战"……这些网络直播答题活动的奖金动辄百万元，场均用户数也以数百万计，仅 1 个月就成为中国最火投资风口。

这种模式是"风口"还是"一阵风"？在金钱喧嚣中，如何把握好知识习得的进程？

## 为啥突然火了　寓教于乐名利双收

江苏一名女公务员在某直播答题平台收获 101 万元大奖、广州一名女大学生因为答对"以下哪位历史人物被后人戏称为惨王？"一题，力克近百万名网友赢得 103 万元奖金……近段时间以来，这些参与直播答题收获百万奖金的新闻在各类社交媒体迅速发酵，吸引人们广泛关注。

艾媒咨询 2018 年 1 月份发布的《2017—2018 中国直播答题热点专题报告》显示，在 1 月 8 日的直播答题大战中，最高单场参与人数突破 400 万，参与总人数超过 700 万。目前，各互联网巨头支持下的直播答题平台已达 10 多个。

直播答题为何突然火了？"它是移动端的综艺节目《开心辞典》。"直播答题移动应用"芝士超人"公关部责任人赵媛媛在接受本报记者采访时表示，知识问答游戏早在十几年前就已经在全球范围内受到追捧。随着 4G 网络、智能手机、Wi-Fi 的极大普及，如今这种形式被搬到手机上，用户只需一部手机即可参与，参与门槛低，再加之题目内容有趣、形式新颖、奖金额度高，自然迅速蹿红。

赵媛媛表示，"芝士超人"本着大众参与、全民娱乐宗旨，鼓励用户调动身边的亲朋好友共同参与、共同答题，"通关"后不仅个人能够收获亲朋好友赞许，还能获得奖金、学到新知识，这就是常说的寓教于乐、名利双收。

移动交互形式创新和巨额奖金制度，的确让传统的知识问答游戏发生了根本蜕变。

在"知识就是财富""我不是在玩游戏、是在学知识"的心理预设下，加之巨额奖励刺激，很多答友十分乐意参与。马刘松如今参与直播答题已经3周，收获了1300多元。拿奖金是他的主要目的。他表示，参与答题后，自己对一些常识现在能立刻反应过来，很多题目基本能记住。他同时说，"我和寝室同学组队答题，比一起玩游戏好多了"。

也有一些答友并非为钱而来。49岁的教育工作者天剑（网名）参与答题1个多月，最多时一天玩3场，已经收获100多元。他这样总结直播答题的作用：一是将其看作一种知识检验手段，让自己多年积累的知识有用武之地；二是通过战胜同时在线答题的网友，获得心理成就感；三是通过团队协作答题，促进交流。他说，对于一些不会的知识点，他会去查资料，增加了学习兴趣。

北京大学新媒体研究院博士生张华麟参与了4个平台的直播答题，已收获几百元。他表示，目前直播答题题面涉及很广，除了数学、物理、中华传统文化方面的"硬知识"，还有紧跟时事热点的"软知识"，甚至娱乐行业明星个人信息都可能成为"考点"。"在知识的沉重与娱乐的刺激间寻找平衡，或许是众多直播答题平台在题目设置方面的目标。"

## 内容短板咋补　知识变味舍本逐末

2018年1月30日，被誉为直播答题"先驱"的"头脑王者"微信小程序，因违反《即时通信工具公众信息服务发展管理暂行规定》而被暂停服务，引发社会关注。题目中出现不良内容是其暂停服务的主要原因。无独有偶，2018年1月14日，北京市网信办就"百万赢家"直播答题活动将香港、台湾作为国家列入问题，依法约谈花椒直播相关负责人，责令全面整改。

除了出现政治问题，直播答题中某些题目胡拼乱凑、出现"肉夹馍原产地为江苏"等技术性错误、聚焦某位明星信息等问题，都遭到网友吐槽。

在直播答题气势汹汹的"撒钱"活动中，内容、知识如愿被推到前台，同时也容易因此出现异化，变了味道。

"与其说直播问答题目涉及的是知识，不如说是一种娱乐的麻醉剂。"中国传媒大学电视系教授刘宏表示，直播问答涉及的知识习得，和传统形式的知识系统不符，它将知识停留在一种取消了严肃性的层次上，"只带有知识的部分元素，改变了知识的方向和意义。"

刘宏表示，他的学生曾做过相关测试，很多参加知识问答电视比赛的选手，在赛后无法记起自己背诵过的百科知识。"这说明，学知识并不是人们参与知识游戏的目的，这种知识也注定进入不了社会流通系统。"

北京大学新闻学博士生靳戈对此十分认同。他认为，无论是电视百科知识问答还是如今的直播答题，更多是一项娱乐活动。"观众或答友通过参与，在羡慕、嘲笑和比较之间获得了一种精神满足，至于节目中有哪些知识已经不重要了。"

"想通过答题获取知识确实有些掩耳盗铃。"25岁的公务员徐言余表示，由于题目设置不科学，很多题目起不到学知识的作用。同时，现在时间十分宝贵，与其搭上半小时学习一点碎片知识，不如系统地读书，完整构建个人的精神世界和思维方式。网友"拖地哥"也认为，直播答题需要普及有效的知识。

如果直播答题平台只看到流量和广告而非内容，当答友的兴趣集中于奖金而非知识，这种模式将难以持久。因为直播问答的核心之一是内容，如果内容本身没有吸引力，平台与用户之间就缺乏更多互动，难以达到沉淀用户的目标。

刘宏认为，人类互动与知识层次有关，越是观点、思想越需要互动，相反基本信息往往缺乏互动。由于资本对知识互动不感兴趣、不愿意介入，目前很多新媒体将知识、观点进行信息化、平面化处理，回避了较为深入的互动，这是需要注意的。

## 还能持续多久　守好底线坚持创新

这场"烧钱"还能持续多久？当资本退场，还能留下什么？各方对于直播答题模式的这些担心，源于对其盈利模式的担忧。

目前，直播答题的资金输入主要源于风险投资和广告赞助。有业内人士建议，直播打赏、游戏充值、知识付费等方式，是实现直播答题流量变现的可行方式。

赵媛媛表示，除了承接广告，"芝士超人"将通过创新内容输出、优化游戏形式，用知识、信息、内容搭建起文化、经济与大众之间的桥梁。她举例说，未来会设置如"扎染"等传统工艺题目，并在平台中展示相关产品或将相关产品作为奖品，促进文化传承和文化变现。

为迎合人们的知识兴趣点，一些直播答题平台推出了"人民日报客户端专场""微信公号侠客岛专场"等细分的答题活动。靳戈表示，作为大众文化产业新模式，直播答题应以优质内容换取用户注意力，以用户注意力吸引广告投放。

他分析说，文化产业中有一个悖论，越是规模化生产的产品，越不具有艺术价值；越具有艺术价值的物件，越难以规模化生产。知识付费模式探索是实现"小众文化产业"模式平衡、长远发展的基础。因此，直播答题付费模式需要探索、创新和坚持。

此外，直播答题的野蛮生长，是否将迎来相关部门的严格监管？

"让人们快乐但不沉溺其间，提供一种休闲方式而不是放纵的手段，应该成为直播答题行业的底线。"靳戈建议，直播答题的知识点不能太难，但要足够吸引人；形式可以娱乐，但不能触碰社会公序良俗底线。

"对于新生事物，我们要保持定力和耐心。"刘宏表示，政府要平衡好市场发展和政策引导之间的关系，既要防止资本控制可能带来的异化，又要注意政府监管可能引发的"一管就死"。

他认为，直播答题从观念上对知识传播、内容付费、知识游戏等方面的理解和实践有所突破。他举例说，对于交通法规宣传、民生政策宣讲等传统宣传活动，直播答题参与其中既有经济效益，又有社会效益。

直播答题的兴起，一个更重要的意义是引发人们对知识的社会意义和功用的探讨。长期以来，无论是思想界、知识界还是社会大众对此的讨论都是不充分的。

"这种讨论很有必要。"刘宏说，如今随着人们碎片化时间增多，知识习得过程也变得碎片化。媒体、课堂、官方引导等构成的社会知识传播系统中，受众学习状态不同，也决定了群体性学习方式如依靠答题获取知识的情况，在某种程度上是有价值的。同时，知识和信息的区别如何厘清、个人知识系统如何构建、政府在社会知识传播系统中的作用如何体现……这些问题都需要引起足够重视。

"应该借助直播答题这个契机，不仅让人们对知识有一个重新认识，让学知识轻松起来，更要让人们对碎片化知识和系统性知识习得的认知，有一个根本性转变。"刘宏说。

（彭训文）

### ◇ 评论: 直播答题是场"砸钱"大赛

经过一个月的"撒钱"之后，直播答题走入了一个瓶颈。

从原先只有一家"冲顶大会"，到"百万英雄""百万赢家""芝士超人"等多家平台相继进入，时间也不过是一周多。就在这短时间内，直播答题的"风口"已经挤满了待飞的"猪"。

当然，拥挤的不光是撒钱平台，还有为赢奖金趋利而来的数百万网民。从原先几百人分奖金，到如今十几万、几十万人分，虽然奖金从 10 万元、20 万元飞速涨到 100 万元、200 万元，甚至更多。但是越来越多网民感受到了竞争的残酷，即使手握数张复活卡，亲朋好友齐上阵，忙碌半天，分到每个赢家手里的钱也只是聊胜于无。江湖中依然盛传着一人赢得上百万元奖金的传说，但如今情势下，这明显成了挂在驴子眼前的那根萝卜——看得见，拼命跑，够不着。

有人说，直播答题既长知识，还能赚钱。但这种零敲碎打的知识点，对一个人智慧成长明显助益无多。其实，没必要给直播答题太多价值附属，这就是一场砸钱的装机量竞赛。

有统计显示，互联网时代，获取一个时刻活跃、愿意互动的用户成本大概是 6 元，甚至更多，而以一个 100 万元奖金的直播答题场算，200 万人参与，平均到每个活跃用户上，需要成本只有 0.5 元。

这一轮砸钱下来，相关答题平台下载量（即"装机量"）无疑获得了大丰收。

任何一个事物的兴衰，都有一个边际效用递减。这不仅是钱多钱少问题，主要还是看整个中国互联网直播市场的用户池子到底有多大。经过一个月持续的高频度竞争，用户池恐怕已经开发得差不多了。也就是说，用户增量达到一个峰值之后，再砸钱进去冲下载量，恐怕成本要涨不少。

所以，进入下半场后，动辄百万元的投入谁来负担？直播答题的高流量面临变现难题。有的平台找到了广告商，比如趣店大白车就给芝士超人砸了一个亿的广告订单，京东、美团等公司也纷纷参与进来。但随之而来的就是一堆广告专场。有些题目直接生硬地广告植入，一次两次还行，冲着钱的用户忍了，但如果频繁出现，用户体验就会变差，很多用户就会怀疑值不值得为只是"塞牙缝"的奖金来看一场 10 多分钟的广告。

因为，这些新进的用户有着非常明确且功利的诉求，就是答题赢现金，但这种趋利本性支配下的用户很难对平台产生情感依赖，黏性极低。很多答题平台原先的主业并不是直播答题。这一轮"砸钱抢人"的硝烟过后，有多少新用户能沉淀下来，而不是匆匆过客或者僵尸粉，还是个未知数。

说白了，直播答题像是一个"暴发户"，流量和用户暴增并没有带来商业模式创新，从上半场的砸钱抢人，到下半场的广告输血，怎么看都是一个非常简单粗暴的一锤子买卖。有人说，直播答题是一个"风口"，但也有人说这只不过是"一阵风"。无论是风口还是一阵风，对永远浮躁不安的互联网公司来说，赌一把不吃亏，毕竟谁都不想成为风口来临前那只尚未准备好的"猪"。

（张远晴）

## ◇ 链接：这些年，我们经历过的知识问答节目

2018 年，开年大火的是直播答题节目。一场网络直播答题，能够吸引超百万人参加。其实，在电视称王时代，这种形式的知识问答节目层出不穷。

### 源起 20 世纪 80 年代

中国最早的知识问答类节目出现在 1980 年。当时，广东电视台率先推出《"六一"有奖智力竞赛》。1981 年，中央电视台开始举办《北京中学生智力竞赛》。20 世纪 80 年代中后期，电视益智类节目开始盛行，如中央电视台的《法律在身边——"二五"普法特别节目》，地方台的《民族知识竞赛》《规范用字用语知识竞赛》等。

### 找到知识性和娱乐性平衡点

随着湖南卫视《快乐大本营》开播，中国的综艺节目迎来快速增长期。在这些节目中穿插的知识竞猜，让知识问答开始回暖。

2000 年，《三星智力快车》在央视开播。这是一档评价很高的知识问答节目，深受观众喜爱，尤其是青少年喜欢。同样在 2000 年，《开心辞典》开播。《开心辞典》是一个面向大众，使用大众化题材的知识问答节目。很多人对此都有记忆，尤其是对王小丫、李佳明两位主持人。两档节目都找到了知识性和娱乐性的平衡点，这也成为它们能长盛不衰的重要原因。

央视还有一档与《开心辞典》齐名的节目，就是 1998 年开播的《幸运 52》，主持人是李咏。这同样是一档益智类知识问答节目，通过竞猜最后获得砸金蛋机会，观众尤其对最后砸金蛋的环节印象深刻。无

论是《三星智力快车》《开心辞典》还是《幸运 52》，都是采用参与者与主持人对垒的模式。这是中国知识问答类节目的一种固定模式，也是一个时代标记。

## 观众对抗增加节目观赏性

这些年，受到观众关注的知识问答节目是江苏卫视的《一站到底》。每期参加节目的有 11 人，分为 10 位守擂者和一位挑战者。他们年龄、身份、文化层次各异，其中守擂者手中都有不同价值的奖品，而挑战者将通过 20 秒限时答题与守擂者一一对垒。在制作上，《一站到底》打破了《开心辞典》模式，采用观众对抗，增加了节目观赏性。

随着季播节目兴起，知识问答类节目也开始走向季播方式。代表节目就是央视 2017 年推出的《中国诗词大会》。此外，央视最近几年相继推出过《中国成语大会》《中国谜语大会》《中国汉字听写大会》，这些节目专业性强，参与度广，同时还能向全社会普及传统文化知识，又有竞争性，一经播出在观众中都有较好反响。

## 移动互联网助推全民参与

随着互联网尤其是移动互联网发展，问答节目开始在网上走红。但移动端如何设计问答节目，吸引全民参与是一个问题。尤其是网络具有匿名性、广泛性等特点，如何保证节目公平是一个亟待解决的问题。

2018 年刚过，微信推出游戏"头脑王者"，让微信用户可以随机进行对战，题目由官方和用户一起提供。

紧随而来的就是网络直播答题的火爆。在资本和技术的双重推动下，网络直播答题迅速打开了市场，吸引了巨大流量，也成为互联网与电视的又一次"正面交锋"。未来网络直播答题走向何方，会产生什么影响，还要继续观察。

（张一琪）

# *15.* 人车礼让，你好我好

## 核心阅读

在交通事故责任认定上，应当遵循路权规则，当任何一方侵犯他人路权时，就应当承担全部责任，而不能采取各打五十大板的中庸之道，破坏交通执法规则。

很多人缺乏交通意识和生命意识，根源在于缺乏规则意识和存在侥幸心理。应该从源头抓起，在全社会大力普及交通常识、严格执行交规、培养文明素质、倡导生命至上意识；同时严格执法，加大处罚力度，逐渐打消道路交通参与者侥幸心理，让违法责任真实可见。

2017 年 12 月 22 日下午 5 时 30 分，在北京一家媒体工作的小崔下班了。北京市朝阳区朝阳路上的红庙路口，是他每天上下班必经之地。朝阳路是连接城区与通州的主要道路，每天上下班高峰期，汽车、电动车、自行车和行人拥挤不堪。在凛冽寒风中，小崔和很多行人一样等待着过马路。

1 分多钟过去，他所在斑马线边的绿灯仍没亮。一些行人和电动车主按捺不住，进入斑马线。又过了 1 分多钟，绿灯亮了。小崔环顾左右，很多进入右转区的车辆停了下来，他快步穿过斑马线。小崔说："行人和车主应该互相礼让，斑马线上才能更安全。"

2017 年 11 月底，公安部等 7 部门联合发出通知，至 12 月底，开展"全国交通安全日"主题活动，机动车路口礼让斑马线成为各地整治重点。一个多月以来，成效明显。

随着中国进入汽车时代，斑马线上的人车矛盾逐渐凸显。专家表示，汽车时代的文明素质人命关天，根治路口乱象，需要完善交规、改善设置、普及知识和提升道德。车主和行人都需要培养生命至上意识，形成"人让车，车让人"的良好社会风尚。

## 机动车礼让成整治重点

长期以来，机动车在斑马线前争道抢行、行人"中国式过马路"等，是公众反映强烈的城市交通乱象。其中，前者造成的伤亡更严重。据公安部交管局统计，近3年来，全国在斑马线上共发生机动车与行人的交通事故1.4万起，造成3898人死亡，其中九成事故是机动车未按规定让行导致的。

2017年，各地交管部门加大了对闯红灯、闯禁行违法行为，特别是路口机动车不礼让斑马线问题的查处力度。据统计，全国共有10余个地方交管部门出台了处罚措施。总结来看，这些措施分为3类：

一是曝光。在昆明，交警利用电子监控设备抓拍不礼让斑马线的交通违法行为，并在街头电子显示屏上进行"滚动曝光"。浙江省温州市规定，机动车遇行人正在通过人行横道时未停车让行，处100元罚款、记3分；行人乱穿马路将被处以5—50元罚款并曝光。

二是整治。北京市规定，机动车遇人行横道不避让行人的会被罚款200元、记3分，非机动车闯灯越线也将被罚款20元。陕西省西安市则曝光了"车不让人"名单，其中出租车占近半数。这些出租车司机面临停运整顿1—3天的处罚，不礼让行人达到8次后，会取消单车下一轮的经营许可资格。

三是入库。辽宁省大连市针对行人斜穿马路的违法行为出台新举措，通过增设人脸识别设备，将横穿马路的行人录入交通违法数据库，记入个人诚信档案。违法行人要观看不少于 30 分钟的交通事故警示片，还将被"抄告"到当事人单位。

这些整治措施效果已经开始显现。公安部此前发布的数据显示，各地查处不礼让斑马线违法行为同比上升 3.4 倍，因不礼让斑马线造成人员伤亡的事故起数、死亡人数同比分别下降 18% 和 9.3%。

## 两起人车相撞案受关注

一些地方对电动车、行人违法的治理也在革新。其中，2017 年发生的两起人车相撞交通事故处理结果受到人们广泛关注。

一起案件是四川省成都市锦江区法院 2017 年 11 月下旬审结的首例行人交通肇事罪案。2017 年 2 月，年过六旬的陈某某在过马路时没有遵守交通规则，翻越隔离护栏横过机动车道，导致与摩托车主罗某相撞，二人均受伤，罗某后因颅脑损伤抢救无效死亡。锦江法院最终判决，陈某某承担主要责任，罗某承担次要责任。陈某某因交通肇事罪被判处 1 年 6 个月有期徒刑。

这个案件引发社会关注，是因为在以往司法实践中，交通事故肇事方多为机动车主、非机动车主。而这起案件中，肇事方变成了行人，且最终被判刑。

"法院判决表明，交通肇事罪不仅适用于机动车驾驶员，也适用于行人。"北方工业大学法律系主任王海桥说，虽然成都的案例判决与刑事司法实践通行做法有所区别，也不太符合社会中一般人的认知，但是合法合理，应当对各地后续判决起到示范性引导作用。

无独有偶，2017 年 9 月，浙江省临海市发生一起电动车闯红灯引发与机动车相撞事故。一名电动车在经过路口时闯红灯，被一辆机动车撞到，电动车车主手骨受伤。当地交警认定，电动车车主因未遵守信号灯通行，需要负全责，不但医药费要自己负责，还要承担对方车辆的修理费。

"这起案件中有一个值得注意的地方，即对电动车属性的认定。"北京理工大学法学院副教授孟强表示，国家对电动车属于机动车还是非机动车有严格标准，而认定是否属于机动车对判决结果有一定影响。"当电动车构成机动车时，需要按照过错程度承担责任，可以判其负全责；当电动车在标准参数内、属于非机动车时，如果其构成主要过错，也要承担主要赔偿责任。"

很多网友认为，认为这样的判决有助于减少行人、电动车闯红灯现象。也有网友认为，机动车主应该承担部分责任。因为根据《道路交通安全法》，机动车与非机动车驾驶人、行人之间发生交通事故，机动车一方没有过错的，承担不超过10%的赔偿责任。

孟强表示，《道路交通安全法》中这一规定体现了民事立法对人的生命健康权的关怀，有其合理性。同时，立法机关还希望机动车一方通过责任保险方式来减轻其赔偿责任。他说："'承担不超过10%的赔偿责任'只是确立了责任上限，并不是说电动车主在此情况下一定能请求机动车一方承担相应足额责任。法官可以综合考虑受害人过错程度、受害人损害情况等具体案情，在10%的损害范围内酌定具体赔偿责任。"

他同时认为，在对道路设计和交通信号规则进行优化前提下，有必要重新审视该条款，甚至取消之。

两名专家表示，两个案例中对行人和电动车主进行了处罚，这表明虽然行人和非机动车在道路使用中属于弱者，但弱势方同样需要严守交通法律法规。

## 倡导遵循生命至上原则

当中国迈入汽车社会, 究竟是人让车, 还是车让人, 一直以来都有不同声音存在。《道路交通安全法》第 47 条规定: 机动车行经人行横道时, 应当减速行驶; 遇行人正在通过人行横道, 应当停车让行。机动车行经没有交通信号的道路时, 遇行人横过道路, 应当避让。这在法律层面上确立了车让人原则, 但是实际执行中, 阻力也不小。

2017 年 12 月 22 日下午 5 时至 6 时, 记者随机在北京市朝阳区朝阳路多个路口观察, 每一次红绿灯转换, 在一些车辆、行人相互礼让的同时, 也出现了机动车斑马线抢行、行人"中国式过马路"现象, 导致拥堵, 极易造成事故。

路过这里的公司职员向记者表示, 相关监管不到位, 行人和车主的道路交通法律意识淡薄, 导致人车不互相礼让。原因有二: 一是交管部门执法不到位, 路口没有交警、协管员。二是法律未得到严格执行, 行人违法成本低, 被抓概率小。"这两个问题相互关联, 解决得好就会相互促进, 落实不好就陷入恶性循环。"

此外, 妥善处理好一些路口没有右转指示灯、行人直行绿灯时间短、斑马线划设不合理等问题, 将能在很大程度上降低路口乱象出现的可能性。在上海, 一些路段设置有对角线形斑马线, 当红灯亮时, 路口所有斑马线全部闪绿灯, 行人既可以对穿马路, 又可以沿对角线斑马线斜穿马路, 路口乱象得到很大缓解。可见, 如果道路红绿灯和斑马线设计不合理, 管理缺位, 仅要求行人、机动车主严守规则, 并不能从根本上解决问题。

首都经贸大学一名退休教授经常在红庙路口过马路, 他认为, 现在的关键问题是很多机动车主和行人缺乏基本道路交通安全知识和互相礼让的文明素质。

孟强表示，一个解决办法是在路口增加右转信号灯，对于右转车辆放行时，行人禁止通行。在未增设右转信号灯之前，要求机动车礼让行人是必要的，但对于未礼让行人的处罚措施应当尽快统一，不能自行其是。

"在交通事故责任认定上，应当遵循路权规则，当任何一方侵犯他人路权时，就应当承担全部责任，而不能采取各打五十大板的中庸之道，破坏交通执法规则。"孟强说。

王海桥认为，对于礼让斑马线应注意区分两种情况。一种是行人直行属于绿灯，此时机动车必须避让行人，对不避让的车主应当按相关法律进行处罚。另一种则是行人直行属于红灯，一些地方小型电动车（非机动车）、自行车和行人不遵守交通规则，此时片面要求机动车必须礼让行人，在法律上并不具有正当性和合理性。

"斑马线也是生命线。参与交通时，文明素质同样人命关天。"王海桥表示，很多人缺乏交通意识和生命意识，根源在于缺乏规则意识和存在侥幸心理。应该从源头抓起，在全社会大力普及交通常识、严格执行交规、培养文明素质、倡导生命至上意识；同时严格执法，加大处罚力度，逐渐打消道路交通参与者侥幸心理，让违法责任真实可见。

（张一琪　彭训文）

## ◇ 评论：生命，只有一次

2012 年起，网络上兴起一个热词"中国式过马路"：在马路边凑够一群人之后，无论当时是红灯，还是绿灯，大家都集体过马路。久而久之，"中国式过马路"变成了一个人也可以翻栏杆，闯红灯。

2017年成都一个案例让人痛心。一名老人翻越栏杆，结果与一辆摩托车相撞，导致摩托车主去世，老人也因为交通肇事罪被判刑一年半。仔细想想，只要老人按照交通规则正常过马路，这种悲剧完全可以避免。

中国的汽车数量近些年来呈现爆发式增长。据公安部交管局统计，截至2017年3月底，中国机动车保有量已经达到3亿辆，其中小汽车有2亿辆。这意味着，平均每7个人中就有一个人拥有一辆汽车。在机动车数量激增的现实面前，应该增强人们的生命意识，因为生命只有一次。

培养生命意识，就要对自己的生命负责。行人是弱者，应该被保护；但行人不能把自己受法律保护当作任性的砝码。道路交通安全法规定，行人与机动车相撞，即使行人全责，机动车也要承担不超过10%的赔偿责任。在实际判罚中，执法部门会尽量多照顾行人。需要指出的是，这并不是行人可以不遵守交通规则的理由。须知，人毕竟不是铁做的，与机动车相比，人处于绝对弱势地位。因此，行人遵守交通规则，就是对自己的生命负责。

培养生命意识，还要对其他人的生命负责。网络上经常会流传一些小视频，视频中机动车为了躲避一个闯红灯的行人，造成连环交通事故，轻则机动车损坏，重则危及机动车主生命和其他行人生命安全。因此，行人的闯红灯行为，可能造成严重后果，这是对他人生命不负责，更侵犯了他人的生命权益。

培养生命意识，就要让每个道路交通参与者明白权责相当。过去在执法时，对于行人闯红灯，很多执法者以批评教育为主，收效不大。近些年来，各地交警在执法中，开始对闯红灯的行人进行处罚，有的地方甚至在路口安装监控设备，将闯红灯记入个人诚信档案，或"抄告"其工作单位，就是要督促行人严守交通规则，提升交通意识和生命意识。机动车驾驶员们更要树立生命意识，明白自身责任。

中国进入汽车社会，应该为人们生产生活带来更多方便，而不是让生命受到威胁、伤害。建设交通强国已经成为中国社会共识，这不仅要求加快基础设施建设，更要求全社会提高生命意识，让生命至上原则成为人人知晓的准则。只有这样，交通强国目标才能更好实现。

（张一琪）

## ◇ 暖心案例

### 浙江："交警爷爷"守护斑马线

在浙江宁波慈溪实验小学北校区门口，每到上下班高峰期非常拥堵，接送孩子的汽车无处停靠。在此执勤的交警胡剑宏就帮着家长，从车里接过小朋友，牵着或抱着快速走过斑马线，一直送到马路对面的学校门口。每天上午一个小时左右的时间，胡警官要送不少于60个小朋友过马路。这一连串的动作在8年里已经被他风雨无阻地重复了无数次，孩子们都亲切地喊他"交警爷爷"，网友称其为"孩子们上学最后100米的守护神"。

### 湖北：50辆车的"温暖40秒"

2017年11月27日，湖北省宜昌市沿江大道大公桥公汽站附近，斑马线没有红灯，一名中年男子腿脚不便，24米宽的马路，他用了40多秒才走完。道路双向车道上先后近50辆车停下等待，没有一辆车鸣笛催促。直到行人安全到达马路另一侧，等候的车辆才缓缓开动。网友给这些静静礼让的司机点赞，称这是"最温暖的40秒"。

### 福建：人车互让的"最高境界"

2017年7月27日，福建莆田东园路正荣时代广场附近，一辆私家车开车途经斑马线，正好有一位拄拐杖的老爷爷要过马路，老人步伐缓慢，于是车主停车礼让。

老人走到车前时脱下帽子，两次向车主鞠躬致敬。走到最外围车道时，有两辆电动车停车礼让，老人也向他们鞠了一躬。有网友评论：这是互相礼让的最高境界。

### 山西：热心"的哥"背老人过马路

2016年，山西运城一名出租车司机刘波，在经过路口时遇到红灯停车等候，斑马线上一名腿脚不便的老奶奶正在艰难地过马路。刘波见马上要转绿灯，老人才走到一半，便下车跑到老人跟前，将老人背过马路。另一辆私家车副驾驶的女士也下车帮老人拎东西。当时刘波车上还有乘客，乘客也表示理解。很多网友赞赏刘波为"最热心的哥"。

### 重庆：七旬老太成最美劝导员

重庆汉渝路社区的退休老人费敏秀，连续9年来，每天早上7点到10点，都会在区府广场义务劝导行人注意交通安全，大家都亲切地叫她"费婆婆"。

交通劝导员的责任，主要是对行人过马路不走人行横道、翻越隔离栏、闯红灯等不文明行为进行劝阻，帮助困难人群安全过马路等，79岁的费婆婆被评为"最美劝导员"。

（叶子　整理）

# 16. "认罪认罚从宽" 咋试点

**核心阅读**

中国正处在社会转型期，刑法的规范作用越来越受重视，但是，刑事案件不断增长与司法资源的有限配置之间存在一定的矛盾。认罪认罚从宽制度恰好满足了刑事案件繁简分流的需求，有助于简案快审、难案精审，提高了诉讼效率、节约了司法资源，不仅是缓解案多人少矛盾的有效举措，而且在更高层次上实现了公正和效率的统一。

要在已有经验基础上，深化完善认罪认罚案件分类处理机制，探索建立有中国特色的轻罪诉讼体系，为完善刑事法律制度提供可复制、可推广的经验。

原来可能需要 45 天的审理最终只用了 14 天就完成，这是发生在广东省深圳市中级人民法院的变化。

2017 年底，广东省深圳市人民检察院起诉的 157 人特大合同诈骗案在深圳市中级人民法院开庭审理。经深圳检察院建议，深圳中院决定适用认罪认罚从宽制度。最终，149 名被告人自愿认罪并签署具结书。由于绝大部分被告人认罪认罚，对指控的犯罪事实、罪名、量刑建议均表示认可，大大缩短了审理时间。

《中共中央关于全面推进依法治国若干重大问题的决定》提出，要"完善刑事诉讼中认罪认罚从宽制度"。2016 年 8 月 29 日至 9 月 3 日，十二届全国人大常委会第 22 次会议审议并通过了关于授权在部分地区开展刑事案件认罪认罚从宽制度试点工作的决定。至 2018 年 2 月，试点已经一年有余，试点地区取得了不错的成绩。

这一制度如何进一步完善？为此，记者采访了相关的学者和刑事案件律师。

## 符合中国司法现状的选择

刑事案件认罪认罚从宽，指对犯罪嫌疑人、被告人自愿如实供述自己的罪行，对指控的犯罪事实没有异议，同意人民检察院量刑建议并签署具结书的案件，可以依法从宽处理。

2016 年 11 月，最高人民法院、最高人民检察院根据全国人大常委会授权，会同公安部、国家安全部、司法部共同制定具体试点办法，在北京、天津、上海、重庆、深圳、郑州等 18 个地区开展试点工作。

试点取得了明显效果。截至 2017 年 11 月底，18 个试点地区共确定试点法院、检察院各 281 个，适用认罪认罚从宽制度审结刑事案件 91121 件 103496 人，占试点法院同期审结刑事案件的 45%。其中检察机关建议适用的占 98.4%。

例如，河南省郑州市下辖的登封市检察机关集中受理了公安机关移送的 10 起危险驾驶案件，2 天内将这些案件全部审查完毕，用一天时间集中起诉，法院对这 10 起案件集中审理并当庭宣判。

认罪认罚从宽制度，是落实宽严相济刑事政策迈出的一步，对于及时准确惩罚犯罪、优化司法资源配置、提高司法效率、加强人权保障有明显作用。

"中国正处在社会转型期，刑法的规范作用越来越受重视，但是，刑事案件不断增长与司法资源的有限配置之间存在一定的矛盾。"国家行政学院法学部讲师武晓雯表示，认罪认罚从宽制度恰好满足了刑事案件繁简分流的需求，有助于简案快审、难案精审，提高了诉讼效率、节约了司法资源，不仅是缓解案多人少矛盾的有效举措，而且在更高层次上实现了公正和效率的统一。

在北方工业大学法律系主任王海桥看来，中国在司法改革上的繁简分流一直在持续，"从2000年开始的刑事简便审，到轻刑快审，再到刑事速裁程序，最后到认罪认罚从宽制度改革，前面的几轮试点改革为本次改革积累了丰富经验"。

王海桥举例说，在省级司法机关的统一推动下，侦查机关、检察机关、审判机关分工负责，共同开创新举措，如在看守所分别成立新的速裁办公室，三机关就近办公，大大压缩案件的在途时间，充分释放了效率。

北京尚权律师事务所的刘祚良律师表示，这项制度设计相对合理，而且各试点贯彻落实比较好，并且都在各自范围做了一定探索，积累了不少经验。

## 与"以审判为中心"的诉讼制度不矛盾

"坦白从宽，抗拒从严"这句口号在中国家喻户晓。在司法实践中，"坦白从宽"也在《中华人民共和国刑法修正案（八）》中作了明确规定。

"坦白从宽"和刑事案件认罪认罚从宽在法律精神上是基本一致的。"坦白从宽"是指犯罪嫌疑人如实供述自己罪行的，可以从轻处罚。专家表示，认罪认罚从宽制度则是"坦白从宽"的具体化、规范化、制度化。

北京尚权律师事务所合伙人高文龙律师具体解释了两者之间的关系："坦白从宽"是法定的量刑情节，而认罪认罚从宽是诉讼制度的规定。"坦白从宽"是案件审理最后阶段量刑的一种考量,在之前的诉讼过程中并不起相应的作用,"法官还要根据庭审的情况来鉴别被告人是否真的做到'坦白'"。

认罪认罚从宽制度则不同,适用的案件会在开庭之前签署具结书,被告人对检察机关对其罪行认定和量刑建议表示认可。而法官在庭审中审查的重点之一是被告人签署具结书的真实性、自愿性和合法性。"最有可能出现的问题是被告人没有明白签署具结书的含义,从而导致错案的出现。这个情节是庭审的重点。"高文龙说。

在防止出现错案中,值班律师制度尤为重要。在最高人民法院向全国人大常委会所作报告中,也说明了在一年时间内对值班律师制度的落实和探索。

值班律师要为犯罪嫌疑人、被告人提供法律咨询、转交法律援助申请等法律帮助。同时,其职责还包括在认罪认罚从宽制度改革试点中为当事人提供程序选择、申请变更强制措施等法律帮助、对检察机关定罪量刑建议提出意见、见证犯罪嫌疑人签署认罪认罚具结书,以及对刑讯逼供和非法取证情形代理申诉、控告等。

"值班律师制度十分有意义,能够在适用认罪认罚从宽的案件中发挥作用。"刘祚良表示。

认罪认罚从宽制度表面上看似弱化了庭审作用,但其实不然。法律专家表示,"以审判为中心"的诉讼制度要求的是"庭审的实质化",但是这其中是有层次的。复杂的、疑难的普通审理程序对实质化要求最高,而一些事实清楚,被告人表示认罪和认罚,则有着简化审理程序的需求,庭审的实质化需求也就相应降低。所以要区别对待,繁简分流。

武晓雯说,一般来说,认罪认罚从宽制度适用的案件多数是速裁或者适用简易程序的案件,对庭审要求低,但这并不是放弃庭审,庭审重点将会转移到被告人认罪认罚的自愿性、真实性和案件主要事实的可靠性的审查。"这与'以审判为中心'的诉讼制度并不矛盾，而是完全契合、相辅相成的。"

## 制度完善尚需多方努力

根据全国人大常委会授权，刑事案件认罪认罚从宽制度试点时间为两年。在第一年试点中，无论是制度政策完善还是司法实践都产生了很多亮点。但是反映出的问题也值得注意。

最高法在向全国人大常委会作的中期报告中也指出试点中出现的一些问题，比如有的试点地区将"认罚"与赔偿被害人经济损失简单等同起来，或将"从宽"绝对化、简单化，对案件具体情节区分不够；有的地区试点案件数量偏少、比例偏低，试点案件类型和适用程序过于集中，对普通程序中的适用问题探索不够；还有一些环节协调配合还不够顺畅，办案规程、工作机制尚需进一步完善等。

针对这些问题，最高法、最高检将会在接下来时间内不断推进制度建设，加强改革督察，比如对法官、检察官的自由裁量权进行监督，处理好检察院量刑建议和法院刑罚裁量的关系等。

武晓雯认为，要在已有经验基础上，深化完善认罪认罚案件分类处理机制，探索建立有中国特色的轻罪诉讼体系，为完善刑事法律制度提供可复制、可推广的经验。

高文龙也认为，要总结好试点经验，还要广泛向学界、实务界征求意见，让真正工作在一线的侦查人员、检察官和法官参与到制度建设中来。

对于具体问题，学者和律师则侧重不同。王海桥希望在以后实践中吸收被害人的合理诉求，认真听取被害人及其代理人意见，并将是否达成和解协议或者赔偿被害人损失、取得谅解，作为量刑的重要考虑因素，切实保障被害人合法权益，从而促进矛盾化解。

高文龙希望继续完善法律援助的值班律师制度，对值班律师角色进行进一步探索，让其真正发挥作用，避免让值班律师在具体案件中流于形式。

对于检察官和法官自由裁量权的监督，武晓雯建议，探索完善认罪认罚案件的量刑标准，明确不同阶段不同程度的认罪认罚情节所适用的具体从宽幅度。

对于被告人的权利保障也值得注意。王海桥建议确立包括权利告知、全面法律援助和反悔后程序回转在内的一系列程序机制，法院要把认罪自愿性以及量刑问题作为法庭审理重点；同时，要保障被告人和检察官“量刑协商”的公平性和有效性，避免检察官居于主导地位。

刘祚良则表示，不仅要审查认罪认罚的自愿性、真实性和合法性，还要对主要证据进行实质审查，防止发生被迫认罪、替人顶罪、以钱赎罪等问题。

（张一琪）


## ◇ 评论：符合中国国情的时代选择

刑事案件认罪认罚从宽制度试点工作已经进行了二年多时间。在全面依法治国的中国，该制度实施效果逐步显现，试点工作取得显著成绩。

一方面，当事人权利得到有效保障，促进了司法公正。试点法院审结的侵犯公民人身权利案件中，达成和解谅解的占 39.6%。检察机关抗诉率、附带民事诉讼原告人上诉率均不到 0.1%，被告人上诉率仅为 3.6%；另一方面，刑事诉讼效率明显提升，司法资源配置更加合理。

对于认罪认罚从宽制度，公众关心较多的是如何避免"权钱交易"问题，这也是接下来试点工作中需要探索和完善的重要内容。认罪认罚从宽制度设计中，强调控辩双方通过协商达成较法定量刑更为优惠的量刑协议，法院对犯罪嫌疑人、被告人的自愿性和量刑协议的合法性进行审查、确认后进行判决。但一方面，中国的量刑协商实际上是以职权主义为基础的协商，也就是由控方主导的协商；另一方面，控辩双方就量刑减让可协商的空间和幅度并没有明确的标准加以限制，这就难免造成法官、检察官自由裁量的空间比较大。因此，防止"权钱交易"，根本上必须限制检察官、法官的自由裁量权。

其一，坚持以司法公正为前提。认罪认罚从宽制度的价值追求在于，在保障司法公正前提下，兼顾司法效率。在认罪认罚案件中，一方面，必须坚持以事实为根据、以法律为准绳，依法全面收集证据、审查案件；另一方面，必须规范诉讼程序，速决程序中更要充分保障犯罪嫌疑人、被告人的诉讼权利，确保犯罪嫌疑人、被告人在认罪认罚上的自愿性。

其二，探索完善制度建设。俗话说"好的制度使坏人变好，坏的制度使好人变坏"。应进一步完善制度机制，在现有的《最高人民法院关于常见犯罪的量刑指导意见》基础上做进一步细化，探索完善认罪认罚案件的量刑标准，明确不同阶段不同程度的认罪认罚情节适用的具体从宽幅度，为检察机关更准确提出量刑建议、法院更准确裁量刑罚创造条件，降低自由裁量空间。

其三，强化监督、制约和追责。公检法三机关要认真贯彻分工负责、互相配合、互相制约的刑事诉讼原则，确保办案质量。对于公检法工作人员在办理认罪认罚案件中的权钱交易行为，视其是否构成犯罪，严格依法追究刑事责任或者依法给予行政处分、纪律处分。

实践充分证明，党中央关于推进认罪认罚从宽制度改革的决策部署，符合中国国情，符合司法规律，是在更高层次上实现公正和效率统一的时代选择。

（作者武晓雯为国家行政学院法学部讲师）

# 17.城乡医保并轨吹响"集结号"

———— 核心阅读 ————

城乡医保制度的统一主要体现为制度统一和医保经办关系统一。通过规范流程，城乡居民就医更便捷，待遇更公平。

随着城乡居民医保制度整合进入深水区，接下来任务会更重。目前问题主要有3个：一是全国医保管理体制尚待进一步理顺，以实现上下统一、左右协调、政令畅通；二是统筹地区整合制度方案有待全面实施，以全面建立统一城乡居民医保制度；三是全民医保在深化医改中的基础作用有待进一步发挥。

医保支付方式改革，医院现代管理制度建设，药品生产、流通、价格和支付标准改革等，要形成一种良性机制，让患者少花钱的同时又能看好病，药企实现"以价换量"，同时医院能够得到激励、医生能获得体现价值的相应报酬。

最近，陕西省渭南市澄城县南社村村民老李终于下定决心，到北京积水潭医院做手术，根治伴随他多年的颈椎病。给予他勇气和信心的是陕西开展的城镇居民基本医疗保险和新型农村合作医疗（下称"新农合"）制度整合工作。老李算了一笔账：参加新农合的他，在城乡医保制度整合前，如果到北京做手术，需要花费近10万元，个人只能报销约2万元。整合后，他能直接报销6万元，通过大病保险还能报销 2 万元，自己支出不到 2 万元。

2016 年 1 月，国务院印发《关于整合城乡居民基本医疗保险制度的意见》（下称《意见》），开始整合城镇居民医保和新农合两项制度。2018 年 1 月 1 日，北京、甘肃、江苏扬州、湖北黄冈等多地宣布实施统一的城乡居民医保制度。人社部、国家卫计委提供的数据表明，两年来，一个覆盖亿万城乡居民的基本医保体系正在形成。

专家表示，中国基本医保体系建设让亿万城乡居民更加公平地享有基本医疗保障权益，成就显著。随着整合工作进入"下半场"，需要进一步理顺医保管理体制，统筹地区全面实施整合制度方案，进一步发挥医保在深化医改中的基础作用等，让人人享有基本医疗保障的目标真正实现。

## 23 个省份实现 3 项医保制度统一管理

2017 年 12 月 28 日清晨，北京，大风刮得人脸生疼。由北京市人力资源和社会保障局、大兴区人力资源和社会保障局组成的小分队，开始了新一天的送卡入户工作。

他们送的卡是社会保障卡。在大兴区庞各庄镇宋各庄村村民阮淑芬家，工作人员将一张崭新的社会保障卡交到她手中。2017 年她患上癌症，医药费花了几万元，家庭经济负担很大。工作人员告诉她，从 2018 年 1 月 1 日起，她可以拿着这张卡直接去医院看病，不仅报销比例提高了，费用还能实时结算。更让阮淑芬感动的是，作为北京市 13 类困难人员之一，她的参保费已由政府全额补助。

2018 年 1 月 1 日起，北京市实施统一的城乡居民医保制度。"新制度实施后，城乡居民医保待遇将普遍提升。"北京市新农合管理中心主任白玉杰表示，今后北京市城乡医保居民看病时，门诊最高报销比例将达到 55%，比原来提高 5 个百分点；住院最高报销比例达到 80%，比原来提高 5—10 个百分点；可报销的药品种类由 2510 种扩大到 3000 多种，与职工医保目录一致；定点医疗机构增加到近 3000 家。

2018 年元旦，不仅北京，甘肃、江苏扬州、湖北黄冈等地纷纷宣布实施统一的城乡居民医保制度。而更大范围的、以省为重点的城乡医保整合工作从两年前就开始了。

人力资源和社会保障部医疗保险司相关负责人介绍，《意见》发布两年来，全国 32 个省、自治区、直辖市（含新疆生产建设兵团），除西藏外，均已出台整合规划，对统一覆盖范围、统一筹资政策、统一保障待遇、统一医保目录、统一定点管理、统一基金管理（下称六统一）提出要求。

"部分省份还在整合制度政策基础上，理顺了基本医保管理体制。"这名负责人表示，目前已有北京、天津、河北、山西、内蒙古、黑龙江、上海、浙江、江苏、江西、山东、河南、湖南、湖北、广东、广西、四川、重庆、云南、宁夏、青海、新疆和新疆生产建设兵团，共 23 个省份实现了全民基本医保 3 项制度（城镇居民医保、城镇职工医保和新农合）乃至整个社会保险的统一管理。此外，福建专门设立了医保管理机构，整合药品采购、医疗服务价格调整和医保基金管理等职能。

全国 334 个地市（不含京津沪渝）中，已有 283 个地市出台了具体实施方案，目前都基本启动运行。这名负责人说："整合地区参保人群已基本纳入人社部门统一管理，形成了 5 项社会保险一体化管理服务的格局。"

此外，国家卫生和计划生育委员会提供的数据显示，辽宁、吉林、贵州、西藏、陕西等省份从政策入手不同程度推进整合工作。例如，在统一筹资政策方面，吉林省、贵州省明确 2018 年统一城乡居民缴费标准；辽宁省、陕西省对城镇居民医保和新农合个人缴费标准差距较大的地区，允许用 2 年时间逐步过渡。在统一保证待遇方面，贵州省明确，从 2018 年 1 月 1 日起执行统一的医保待遇。

"目前，城乡医保制度的统一主要体现为制度统一和医保经办关系统一。通过规范流程，城乡居民就医更便捷，待遇更公平。"中央财经大学社会保障研究中心主任褚福灵表示。

## 参保居民、经办机构、医院都有获得感

城乡医保整合效果如何，居民获得感是一把重要的衡量标尺。为此，各地按照"筹资就低不就高、待遇就高不就低、目录就宽不就窄"原则，开展具体整合工作，实现了制度平稳过渡。总结来看，整合效果主要体现在 3 个方面：

对于参保城乡居民来说，制度整合后，待遇公平性体现得更加明显，尤其是农村居民获得感显著增强。山东省临沂市农村居民张大妈患有慢性胃病，以前经常需要从县里转诊到临沂市治疗，不但手续复杂，而且转诊后报销比例也会随之降低。2015 年，山东省将城乡医保进行整合。张大妈说："现在到市里看病，不但可以直接报销，而且报销费用和城里人一样。"

目前，各地城乡医保统筹层次已整体提升为市级统筹，部分省份还实现了省级统筹。"统筹层次提升后，此前参加新农合的农村居民就医选择范围从县域扩展到地市甚至省域范围，变'异地'为'一地'，农村居民享受的医疗待遇更高了。同时，医保基金池变大，抗风险能力更强，经办效率也更高。"中国人民大学劳动人事学院教授仇雨临说。

人社部医保司提供的数据显示，河北、山东、广东城乡医保制度整合后，药品目录品种分别达到 2600、2400 和 2500 种，农村居民可

报销药品种类比原来扩大了1倍。

同时，农村居民医保支付比例和最高支付限额普遍提高。如云南省农村居民省级医疗机构就诊医保支付比例由40%提高到60%；内蒙古包头市医保支付封顶线增加到23万元，比原来新农合增加了8万元。住院费用支付比例保持在75%左右，较新农合也大幅提升。

对于医保经办机构来说，节省了行政成本，保障效率大幅提升。经过整合，重复投入、多头建设、重复参保、重复补贴等问题得到解决。例如，内蒙古、山东、浙江3省份分别剔除重复参保133万、250万和150万人，分别节约财政重复补助资金6亿、8亿和7亿多元。

各地还以此为契机，整合、升级改造社会保险信息系统，实现"五险合一"数据共享以及医保结算功能整合。目前，全国社保卡持卡人数已超过10亿人，参保居民可持卡就医并实现"一站式"直接结算。

特别是2017年建成的全国异地就医结算信息系统，免去了患者来回奔波之苦。截至2017年12月底，全国所有省级平台、所有统筹地区均已实现与国家异地就医结算系统对接，8499家跨省异地就医定点医疗机构均已连接入网。

"提升医保经办机构管理服务效能，有利于其更深入介入医疗服务过程。"国务院发展研究中心金融研究所保险室副主任朱俊生表示，整合后，医保经办机构有了统一购买力和更多精力，与医院、医药企业谈判协商时腰杆更挺、底气更足。以天津市为例，通过将糖尿病按人头付费推广到34家医院，2万参保患者受益，人均费用较改革前下降近5000元。

对于医疗机构来说，变化也是明显的。在甘肃，参保居民在村卫生室发生的门诊费用，报销比例达70%。同时，村卫生室可使用

20%的非基本药物，有力促进了分级诊疗建设。

## 全面整合需综合发力

随着城乡居民医保制度整合进入深水区，接下来任务会更重。人社部医保司相关负责人表示，目前问题主要有 3 个：一是全国医保管理体制尚待进一步理顺，以实现上下统一、左右协调、政令畅通；二是统筹地区整合制度方案有待全面实施，以全面建立统一城乡居民医保制度；三是全民医保在深化医改中的基础作用有待进一步发挥。

仇雨临表示，只有进一步理顺管理体制，才能实现城乡医保制度的真正统一，这亟须政府从顶层设计高度予以明确。她认为，社会保险法的法律逻辑、医保模式规律，以及 1998 年中国建立城镇职工基本医保制度以来的实践，都证明了社保经办机构有实力履行更多职责。

整合后，由于各地经济发展水平和居民收入差异，一些地方在缴费和待遇享受方面仍存在差异。她建议，随着城乡居民收入水平提升，各地应逐渐实现根据就医需要提供统一医保待遇，在高收入与低收入、患病者与健康者之间合理分散风险。

人社部提出，要逐步建立与经济社会发展水平、各方承受能力相适应的稳定可持续的动态调整筹资机制，同时合理划分政府和个人分担筹资责任，逐步优化筹资结构，力争 2018 年全面启动实施统一的城乡居民基本医保制度。

仇雨临认为，目前医保筹资机制还是简单地按照固定数额进行筹资，比较粗放。她建议，建立城乡居民收入与缴费关联机制、缴费与待遇关联机制、缴费与待遇同经济发展水平关联机制，确保城乡居民医保基金的长期收支平衡。

医保支付方式，被称为医保基金支出的"总闸门""总杠杆"。人社部下一步将全面推行以按病种付费为主的多元复合医保支付方式，完善谈判和风险共担机制。

褚福灵认为，应从"三医"联动角度看待医保支付方式改革。"医保支付方式改革，医院现代管理制度建设，药品生产、流通、价格和支付标准改革等，要形成一种良性机制，让患者少花钱的同时又能看好病，药企实现'以价换量'，同时医院能够得到激励、医生能获得体现价值的相应报酬。"

有专家建议，要在"以收定支、收支平衡"的医保基金支付总原则下，"保基本、强基层、建机制"。例如，进一步完善药品和医疗服务价格形成的市场机制、健全医保经办机构源头参与机制和谈判机制等。

"应该鼓励更多社会力量参与基本医保经办服务。"朱俊生表示，经过两年发展，目前大病保险多由商业保险公司经办。他建议，政府和商业保险公司应秉持法治思维，进一步规范合同管理。在社保提供主体和方式上，可探索引入竞争模式。

此外，对于一些人士建议"将城乡医保和城镇职工医保打通，实现'三险合一'"，褚福灵表示，由于城乡居民和职工收入差距较大，制度也存在差别，目前两种制度并存有其合理性。"随着职工和城乡居民收入差距缩小，二者整合的条件自然就成熟了。"

（彭训文　贾平凡）

## ◇ 评论：医保并轨助力健康中国

人民健康是民族昌盛和国家富强的重要标志。"健康梦"是每个人心中的梦想。要实现中国人民的"健康梦",一个重公平、可持续的医保制度必不可少。城乡居民基本医保制度并轨,将大大提升中国医保制度的公平性与可持续性,有助于让广大人民群众享有公平可及、系统连续的健康服务。

并轨前,中国居民基本医保"城乡二元"结构分化严重。首先,报销待遇不同,造成重复参保,继而造成重复补助,损害了医保制度的公平性原则,也增加了财政的不合理负担。其次,分轨运行造成重复投资,增加管理成本。

造成这些问题的一个重要原因,是体制机制没有理顺,经办机构各自为政,信息不能共享。新农合医保归属卫健委,城镇居民医保归属人社部,制度设计上不协调,参保信息难以实现资源共享,给人员重复参保留下技术漏洞。

因此,2016 年开始城乡居民基本医保并轨改革,吸引了大众目光。2017 年,整合城乡居民基本医保被列入国务院《深化医药卫生体制改革 2017 年重点工作任务》之一。中共十九大报告也提出,要完善统一的城乡居民基本医疗保险制度和大病保险制度。

近年来,各省市区逐步展开城乡居民基本医保并轨改革,一改过去"屋上架屋"、多头管理局面,实现了管理部门的统一整合,体制机制得到理顺;筹资方式、保障待遇、医保目录等得到统一,提高了政府补贴力度,群众医疗报销制度更加公平合理。

统一城乡居民基本医保制度,只是万里长征的第一步。用医保并轨促进医疗改革,以医疗改革助力健康中国建设,中国人民离自己的"健康梦"就会越来越近。

（韩维正）

## ◇ 他山之石

**英国：政府主导财政支付**

英国是全球范围内较早制定并持续运行国家医疗保障模式的国家。这种模式主要有 3 个方面特点：

一是实现基本医疗保障全覆盖。英国明确规定，凡是在英国居住的公民，无论属于哪个种族、年龄、性别，无论是否从事工作，均能享受到基本医疗卫生服务，所需费用主要由财政拨款支付。

二是资金来源于以税收为主体的公共财政，其中 74% 来自中央政府和地方政府税收，其余 26% 来自福利税和各种交费。英国的经济实力、高额税收比例为筹资奠定了基础。

三是建成了完善的三级医疗卫生服务网络。医院以疑难杂症、危急重症治疗以及临床科学研究为重点任务；地方医疗机构主要提供综合性医疗服务，能够解决一般医疗问题；社区门诊承担了家庭医生、全科医生职能。

**德国：风险共担独立经办**

德国医疗保障体系分为 3 个板块：社会基本医疗保险、商业医疗保险以及法定护理保险。其中由德国联邦政府主导的社会基本医疗保险占据了主导地位。

首先，德国赋予社会基本医疗保险以法律强制性，明确规定所有德国公民，不论性别、年龄、收入、职业，都必须参加社会基本医疗保险。

其次，德国采取员工和企业双方共同筹资、风险共担的资金筹集方案。员工和所在单位各自承担 50% 参保费用。政府对无业人群、残疾人、儿童、老年人等社会群体进行补贴，保证其参加医保的权利。

再次，参保人群产生的医疗费用，个人承担 20%，剩下的 80% 由医保基金统一支付。

最后，政府不参与医保基金具体管理，医保经办机构实质上是独立的第三方部门。

### 美国：商保为主问题突出

美国是世界上少数几个以商业医疗保险为主的国家。究其根源，这与美国根深蒂固的自由主义价值观密切相关。

在此影响下，美国医疗保障充分发挥了市场机制作用，建立了商业医疗保险制度，即由商业保险机构负责医疗保险经办管理工作，由公民个人承担所有参保费用，享受补偿水平高低与所缴纳费用成正比。

商业保险模式在保证公民参保自由的同时，也导致了医疗费用快速上涨。有研究称，2018 年美国卫生总费用占 GDP 的比例高达 20.3%，全球第一。同时，美国也是发达国家中唯一一个没有实现全民医疗保障的国家。数据显示，美国有近 5000 万人没有被医疗保险覆盖。

### 新加坡：储蓄医保分类明确

新加坡储蓄医疗保险分为 3 部分：保健储蓄计划、健保双全计划、保健基金计划，其英文表示分别为 Medisave、Medishield、Medifund，学术界一般简称为"3M"计划。

保健储蓄计划于 1984 年正式推出，全体国民强制性参加。主要用于支付个人住院费用以及大额门诊支出中的 CT、磁共振等检查费用，该项目允许家庭成员之间"互助共济"。

健保双全计划于 1990 年正式运行，是一种大病医疗保险，自愿参保，主要用于大额医疗费用的补偿，补偿能力高于保健储蓄计划。

保健基金计划于 1993 年正式实施，实质上是一种医疗救助，即政府拨款对贫困人群在定点医疗机构获取医疗服务进行经济补偿，从而提高贫困人口健康水平。

（韩维正　整理）

# *18.* 信联：给中国人金融信用画像

============ 核心阅读 ============

信联应遵循"脱虚入实"、控制系统性风险等金融体系规律，解决此前互联网金融行业出现的现金贷问题、P2P（点对点网络借款）问题、消费金融问题等。

信联如果出于监管目的，就应该打通各家数据；如果仅是企业间为谋利而交换数据，那就没有意义。

金融创新领域往往一放就乱、一管就死，应该借鉴海外经验，在特定时间、特定地点、特定领域内进行倒计时式的信用体系建设创新，逐步打通具体关节。现在"信联"正是这样一个新契机和新起点。

近日，百行征信有限公司（筹）相关情况在央行官网结束公示，业内期盼已久的"信联"终于揭开了神秘面纱。

专家表示，"信联"旨在根治互联网金融领域用户骗贷、多头借贷，机构非法收集用户信息等行业乱象，短期内的主要目标是实现对个人在互联网金融平台上的借贷记录共享，长期目标是打造防控系统性风险的深层次、规范性治本工程。

## 管控风险是初心

提到"信用"，很多人并不陌生。近年来，一些市场化信用评价机构逐渐兴起。在北京市一家企业工作的小李说，"很多机构推出了信用打分体系，分数比较高时可以体验不少服务，比如免押金租车、酒店先住后付、消费分期等"。

为促进个人征信行业更快更好发展，2015年，央行下发《关于做好个人征信业务准备工作的通知》，要求8家市场化公司做好开展个人征信业务准备工作，但牌照迟迟未发。

为何会这样？中国人民银行征信管理局局长万存知曾表示，这是由于每一家机构都想依托互联网形成自己的业务闭环，不利于信息共享；8家机构各自依托某一个企业或企业集团发起创建，不具有第三方征信独立性，存在比较严重的利益冲突，等等。

"当前个人征信行业存在很多乱象，一些客户恶意骗贷、多头借贷，一些平台鱼目混珠，打着征信名义过度采集个人信息，不仅造成个人征信产品有效供给不足，机构之间形成'信息孤岛'，而且大大推高了互联网金融行业的坏账率，增加了金融风险。"资深互联网金融专家、河北金融学院教授赵永新说。

2017年10月，从事分期购物业务的趣店集团创始人罗敏表示，公司所放贷款中有40%是各家银行的钱。当银行与坏账率颇高的互联网金融企业联系在一起时，外界对消费金融领域可能引发的系统性风险十分担忧。

"信联"的筹建正是在个人征信行业诸多乱象和风险凸显之际。据央行官网公示材料显示，百行征信公司主要股东及所持股份为：中国互联网金融协会持股36%，芝麻信用管理有限公司、腾讯征信有限公司等8家个人征信试点机构分别持股8%。

"'信联'是由中国互联网金融协会牵头，联合多家民营征信公司设立的全国性征信平台，有利于打破互联网金融行业机构间存在的'信息孤岛'，实现信息共享，并与央行征信中心一道，构建一个国家级基础信用信息数据库。"北京大学数字金融研究中心副主任黄卓说。

黄卓表示，与百姓生活联系紧密的央行征信中心，其数据来源主要是商业银行和传统金融机构的信贷数据，但仍有数亿人群由于未获得这些传统信贷服务而缺乏信用记录，游离于央行征信中心之外，很多人主要在各互联网金融平台进行借贷。

统计显示，全国目前共有200多家网络贷款公司，8000多家小额贷款、消费金融公司，它们拥有用户大量金融数据。此外，阿里、腾讯、京东等从事互联网金融的平台，还拥有客户海量的社交、购物、出行、网络金融服务等信息。据悉，"信联"主要目标就是将这些信息进行有效整合共享。

"对于互联网金融行业来说，'信联'的筹建是一种翻天覆地的变化，会对整个金融体系造成重大影响。"中国电子商务研究中心研究员、上海亿达律师事务所律师董毅智说。

## 数据共享是核心

目前，百行征信有限公司(筹)相关情况公示已结束，意味着"信联"筹组将进入落实期。不过，当记者就此采访相关股东公司时，多数选择婉拒。

"'信联'是一个具有监管功能的组织或协会，而不是一个纯粹营利的企业。控风险是信联短期内的主要目标，建立一个完善的系统是其长期目标。这种立场和定位，决定了它会损害一些既得利益集团的利益。"董毅智说。

董毅智认为，信联应遵循"脱虚入实"、控制系统性风险等金融体系规律，解决此前互联网金融行业出现的现金贷问题、P2P（点对点网络借款）问题、消费金融问题等。"'信联'应立足为广大用户和国家金融体系建设服务，杜绝此前一些协会'既做裁判员又做运动员'现象。"

据了解，结束公示后，百行征信公司将成立相关组织机构，搭建系统，核心工作是组建团队、实现各家公司征信数据共享，然后是正式运营。

其实，"信联"的核心工作——实现各家互联网金融公司征信数据共享的准备工作早已展开。2016年9月，中国互联网金融协会成立"互联网金融行业信用信息共享平台"，其定位正是建立国家基础性信用信息数据库。

多家机构共同打造一个信息共享平台，好处是明显的，不仅能统一标准、更好保护用户个人隐私，而且对整个互联网金融行业发展和国家信用体系建设有利。

然而，实现真正的数据共享并不容易。这其中既有各家公司愿不愿意将"家底"拿出来的问题，也有数据如何打通、如何接口、形成何种数据等问题。董毅智认为，"信联"如果出于监管目的，就应该打通各家数据；如果仅是企业间为谋利而交换数据，那就没有意义。"数据如今也是一种资产，共享平台具体如何设计，需要'信联'经营管理层好好考虑。"

赵永新表示，目前各家征信机构的模型多是基于自身平台的金融交易数据、电商交易数据、社交数据或生活大数据，属于非结构化数据，需要重新设计、优化数据模型，甚至需要金融人工智能综合分析，才能得出类似美国FICO的个人信用分值，"现在看来难度不小"。

"由于还不知道'信联'具体运行规则和利益分配机制，且几家股东公司在互联网金融业务规模和数据拥有量上存在显著差异，未来'信联'数据共享和互联互通效果如何，目前还难以判断。"黄卓说。

## 全面打通需恒心

当然，当个人金融信息实现共享之后，强化个人隐私保护仍是人们关注焦点。

中国人民大学国际货币所研究员李虹含建议，应建立完善的隐私权法律保护体系，注意收集环节中个人信用征信与信息隐私权的平衡。他认为，征信立法应明确规定征信机构对信息的安全保障义务，建立信息档案管理制度、信息保密制度、信息查询内部分级管理制度和个人信息数据库访问监控制度，并确保其安全运行。

专家建议，在利用环节中，应约束使用人的使用行为，明确其谨慎转让义务。此外，还需要引入惩罚性赔偿制度。

综合来看，中国人目前的金融信用数据收集主要分为两部分。

一是央行征信中心的个人信用报告。凡是与银行发生信贷关系或开立了个人结算账户的个人都有自己的信用报告。由于个人信用数据库已采集了部分地区的个人住房公积金信息、个人参加养老保险信息和电信用户缴费信息，涉及以上信息的个人也有自己的信用报告。目前，个人信用报告主要用于银行贷款、信用卡审批等用途。

二是网络小贷公司、网络借贷信息中介机构和消费金融公司等互联网金融从业机构掌握的个人负债信息，以及与负债密切相关的其他信息。"信联"的出现正是为了更好整合这些信息。

也就是说，这两部分数据构成了中国人个人金融信用的基本"图像"。那么，在未来有可能将这两类数据进一步整合吗？

"将来一定会打通。"董毅智表示，金融行业剥掉所有外皮后就是征信，它是金融的核心价值。目前互联网金融公司抓取的大数据其实大多是个人房产、汽车等具有抵押性质的产品信息，将来不仅个人，包括中小企业的相关征信数据也会被打通，统一监管，这是"信联"成立的根本价值。

而从整个社会信用体系建设角度看，更大范围的信用数据打通也值得关注。例如最高法与公安、金融等部门，近年来为惩治"老赖"

而打造了联合信用惩戒体系。由国家发改委、央行等牵头，多个政府部门联合签署了联合激励、联合惩戒备忘录，涉及反炒信黑名单、电子商务领域制假售假黑名单、安全生产领域失信主体名单等。

"无数据，不金融。"赵永新表示，大数据上升为国家战略后，意味着未来农业、工业、服务业乃至整个社会治理都将互联网化。其中，形成大量交易数据的金融业是核心内容，整个社会信用体系的打造就要依靠这些数据来实现。

"金融创新领域往往一放就乱、一管就死，应该借鉴海外经验，在特定时间、特定地点、特定领域内进行倒计时式的信用体系建设创新，逐步打通具体关节。现在'信联'正是这样一个新契机和新起点。"董毅智说。

（彭训文　韩维正）

◇ 评论：将"信联"建设进行到底

信用，对于现代商业社会来说，是不可或缺的支柱。没有信用，无论是组织还是个人，都寸步难行。长期以来，中央人民银行管理全国的信用系统，金融方面的业务往来都需要通过央行信用系统来确认。

随着互联网深入发展，个人征信业务在互联网上蓬勃发展起来，芝麻信用、腾讯征信等互联网公司依据其庞大数据流量建立起属于其公司的个人征信系统，而且规模不断扩大。然而，各平台相互之间不能互通有无，与央行个人征信系统也并没有连接起来。个人征信的"单打独斗"，对于蓬勃发展起来的互联网金融来说并不是一个有利因素。

最近，央行发布公告，向社会公示百行征信有限公司（筹）的个人征信业务申请，"信联"呼之欲出。这个由央行主导，中国互金协会牵头，芝麻信用、腾讯征信等8家公司共同参与的信用联盟承载着人们诸多期待。

"信联"将有效弥补央行个人征信空白，将个人客户金融信用数据统一在一个官方平台内，能降低互联网金融机构的征信成本，有效防止"老赖"出现。但是事物发展并不是一帆风顺的，"信联"也不例外，存在的诸多问题亟待解决。

如何打破壁垒，实现数据库直联直通是"信联"建设的重要一环。成立"信联"的初衷就是希望能够将所有参与方的数据实现共享，从而降低互联网金融领域的征信成本。但是在大数据时代，数据就是核心利益。要谁无偿将数据贡献出来，都犹如"割肉"一般。为了各自利益，各方会在数据共享上进行博弈。但是，没有一个统一的数据库，"信联"就是空壳，不能发挥其应有作用。除了共享之外，8家公司的征信数据并不完全统一，有的是金融征信数据，有的则是个人生活信用数据，统一数据格式也是一个待解难题。

"信联"不能既当"裁判员"，又当"运动员"。有分析人士指出，之前的信用机构就存在这种矛盾。这个问题若不解决，会严重影响"信联"作为一个第三方机构的公平角色。参与"信联"的8家公司都是在互联网金融领域有一席之地的公司，在该领域有很多业务。如果"信联"只是一个同业联盟，是为8家公司服务的，那无可厚非。但是如果赋予"信联"监管功能，则需要彻底厘清"信联"的定位和业务，防止"信联"成为某一个或者某几个公司谋取利益的工具。

与政府机构的关系也需要明确。"信联"虽然是由央行主导成立，但是央行在其将来的运营中扮演什么样的角色并没有向社会公布。"信联"究竟是完全由政府主导来工作，还是市场化运行，是需要政府、行业和"信联"自身进行明确的。完全由政府主导，将强化监管角色，有效防控金融风险，但是效率会受到一些影响。完全市场化运营，会提高效率，更好地发挥其应有作用，但会出现一些不良交易现象。所以，如何界定与政府机构关系，也应该是"信联"需要认真考虑的。

不论前面的路有多么艰难，"信联"的建立本身就是一种胜利，也意味着中国在建设信用社会的路上迈出了坚实一步，值得庆贺。但是需要厘清的关系，需要明确的定位是绕不开的"坎"，需要"信联"开动脑筋去解决。前路漫漫，初心不变，我们期待有关各方将"信联"建设进行到底。

（张一琪）

◇ 他山之石

美国：统分结合严格监管

美国的个人信用制度以市场化、商业化的操作为基本特征，这种配置资源方式有效保证了其个人信用体系的运行成效。经过百年发展，目前美国个人征信市场形成了由少数几家信用局垄断和数百家地方信用局作为辅助的两级市场格局。全国性信用局拥有覆盖全国的大型个人征信数据库，个人信用报告种类繁多，以有偿形式提供。

美国联邦贸易委员会负责对全国的个人征信体系进行监管。美国个人信用管理覆盖了美国个人信用体系及各机构相关操作的各个方面，对信用数据采集、信用评分过程、信用报告制作及使用范围、个人隐私保护、个人信用修复制度等诸多方面有严格规定，并实施有效监管。

### 欧洲：强制获取保护隐私

欧洲大陆多数国家实行相似的个人征信制度。国家的公共征信机构主要由各国的中央银行或银行监管机构开设，并为中央银行的监管职能服务。各国通过法律或决议形式，强制性要求其监管的包括银行、财务公司、保险公司在内的所有金融机构，必须参加公共信用登记系统。信用数据只向金融机构提供而不向社会其他需求方提供。

欧洲各国更侧重于对个人隐私保护。除非被征信者明确书面授权给个人征信机构，个人征信机构无权提供数据给各授信机构。严格的个人隐私保护实际上已经成为制约欧洲私营征信机构发展的一个重要因素。欧洲模式有效保护了金融系统安全和个人隐私，但是征信系统不向社会提供服务，也导致了不能有效地形成覆盖全社会的失信惩戒和风险防范机制。

### 日本：会员制度有偿交换

日本采取会员制的个人征信体系模式。日本银行协会的第一个信用信息中心于 1973 年在东京建立，之后各地银行协会相继成立了地方性的个人信用信息中心。到 1988 年，全国银行协会把日本国内信息中心统一起来，建立全国银行个人信用信息中心，同时信息中心还与非银行的信息系统进行个人信息交换。信息中心信息来源于会员银行，两者之间的信息交换均采取收费方式。

日本模式的主要优点是能够较好地覆盖信贷信用、零售信用和服务信用等领域，但存在征信机构过多、不利于全面掌握客户信用状况等问题。

（张一琪　整理）

# *19.* 今天，我们怎样保护隐私

———— **核心阅读** ————

由于个人信息中很多类型均涉及隐私，对个人信息的保护就是对隐私的保护。因此，在实践中，有时"个人信息""个人隐私"二者并没有非常明显的界限。

发展是安全的基础，安全是发展的条件。既不能为了安全过度限制大数据技术的发展，也不能以牺牲安全为代价放任无序发展。

当前中国保护个人信息的立法虽多，但相关规定分散、不成体系，难以为个人信息保护提供切实有效的法律保障，迫切需要加快个人信息保护法立法进程。应通过专门立法，进一步明确网络运营者收集用户信息的原则、程序，明确其对收集到信息的保密和保护义务，不当使用、保护不力应当承担的责任以及监督检查和评估措施。

最近，美国"脸书"掌门人扎克伯格一点都不好受。在国会面临数十名参众议员的轮番盘问，还不能有半点闪失。事件起因是2013年英国剑桥大学的一位研究员在脸书上创建了一个心理测试应用，获得了30万用户以及他们的脸书好友的社交数据，实际涉及用户总数达到了8700万人。随后这位研究员私下把这些用户数据卖给了数字营销公司，被用来进行精准营销。保护用户数据不力，让脸书陷入危机。

发生在四川成都的"摔狗"事件也在近期尘埃落定，但事件中未经允许私自公布他人的个人信息和隐私的行为引起了广泛关注。

根据中国互联网络信息中心发布的第41次《中国互联网络发展状况统计报告》显示，截至2017年12月，中国的网民规模达到7.72亿，超过了中国总人口的一半。基数庞大的网民，产生的数据总量也是空前的。

这些数据中有个人的姓名、性别、生日等信息，还有在互联网上的行为轨迹等，很多都属于个人隐私。如果按照严格保护隐私的要求，绝大部分数据无法提取，那么大数据产业发展就会受到影响。但如果保护不力，像脸书一样泄露数据，又会造成不良的社会影响。因此，在大数据时代，隐私是什么？怎么保护？这是所有人都回避不了的两大问题。

## 互联网催生个人信息保护

保护隐私，首先要厘清什么是隐私。经常会想起小时候的场景，日记被家长看了，我们会和家长吵闹，理由就是家长侵犯了自己的隐私。隐私，直白来说，就是不想让他人知道的个人信息。

在理论上，隐私权关涉个人的人格尊严。在传统社会里，保障个人私有领域信息不受侵犯、不被刺探，侧重点在于保护私人生活安宁和私人信息秘密。

进入互联网时代之后，隐私范围扩大，内涵增多，对隐私也越来越难以界定。

中国并未在法律上对网络空间中的隐私信息进行明确界定，使用更多的概念是"个人信息"这个词。北京大学互联网法律中心主任张平表示，在对互联网个人信息专门立法保护的国家里，有的使用隐私一词，也有的使用个人数据、电脑资料、信息隐私等不同称谓，中国目前在诸多部门法规里统一使用了"个人信息"一词，并加以保护。

"由于个人信息中很多类型均涉及隐私，对个人信息的保护就是对隐私的保护。因此，在实践中，有时'个人信息''个人隐私'二者并没有非常明显的界限。"泰和泰律师事务所首席合伙人程守太表示。

对于个人信息的界定，中国不同法律法规也给出了相应解释。

"可识别性"是认定个人信息的重要标准，只有能够识别某一特定自然人的信息，才能被认定为个人信息。作为个人信息保护的国家标准，根据 2017 年 12 月 29 日发布的《个人信息安全规范》，明确判定某项信息是否属于个人信息，应考虑以下两条路径：一是识别，即从信息到个人，由信息本身的特殊性识别出特定自然人，个人信息应有助于识别出特定个人；二是关联，即从个人到信息，如已知特定自然人，则由该特定自然人在其活动中产生的信息（如个人位置信息、个人通话记录、个人浏览记录等）即为个人信息。符合上述两种情形之一的信息，均应判定为个人信息。

《中华人民共和国网络安全法》第 76 条第（五）项规定：个人信息，是指以电子或者其他方式记录的能够单独或者与其他信息结合识别自然人个人身份的各种信息，包括但不限于自然人的姓名、出生日期、身份证件号码、个人生物识别信息、住址、电话号码等。

《最高人民法院、最高人民检察院关于办理侵犯公民个人信息刑事案件适用法律若干问题的解释》第 1 条规定，个人信息还包括通信联系方式、账号密码、财产状况、行踪轨迹（比如在互联网上的位置数据和日志信息）等。此外，种族、宗教信仰、个人健康和医疗信息等敏感信息也属于个人信息范畴。

## 大数据时代如何保护个人隐私

中国网民规模庞大，网民在网络上的个人信息组成了规模更大的数据。而数据具有双重属性，既有隐私属性，同时有价值属性。在移动互联网时代，数据的隐私属性越来越强，尤其是社交网站中经常会分享照片、位置等等，这些内容都需要被保护。但随着数字经济兴起，数据成了竞争力，依靠数据可以获取更好发展。

中国信息通信研究院安全研究所副所长谢玮表示，"在大数据时代，我们可以利用大数据技术手段，将分散在各个方面的个人信息收集起来，形成个人的清晰画像，进一步干预或影响个人的生活。"因此她认为，大数据时代谈个人隐私，实际上要谈的是个人信息如何使用和保护，如何在维护个人隐私权和数据利用之间保持平衡，而不再是就隐私而谈隐私。

一种观点认为，应该更加注重隐私的保护，这样做的后果可能就是阻碍数字经济的发展。而反对观点则认为，应该更充分地利用数据，但这有可能导致隐私保护不力。

张平认为，大数据时代，个人信息保护非常重要，不论是政府部门还是商业机构，在使用个人信息时都要有相应的使用政策，征得个人同意，特别是在用大数据分析支持共享经济和人工智能的发展时。同时，也应该让每个人享受到大数据分享带来的便利和惠益。在个人信息利用上，首先，要保证不侵害公民人身权，不造成对个人的精神伤害；其次，在信息的无害化传播和利用中，可以通过惠益机制对个人加以补偿。

"大数据、人工智能产业发展一定是基于对个人信息的深度分析与共享，绝对保护个人信息和数据隐私已经没有可能。个人让渡一部分私权给社会，但也能够从社会服务中得到生活便利和惠益。"张平表示。

然而，数据面临的不仅仅是应用问题。如今，数据滥用与泄露、跨境数据存储与传输已成为十分突出的问题。医疗、金融、保险、交通、社交等领域的网络用户个人信息被非法收集、获取、贩卖和利用事件频发，甚至形成了"黑色产业链"，让不法分子大发横财。

谢玮认为，一方面，为政务管理、业务发展等需要，政府、企业等可能会对个人信息进行收集利用和分析；另一方面，发生在个人信息的收集、存储、利用等环节中的不当操作和网络攻击，极易引发数据窃取、隐私泄露等网络安全问题，不仅侵害个人隐私，也可能威胁人身和财产安全、社会稳定甚至国家安全。

"发展是安全的基础，安全是发展的条件。既不能为了安全过度限制大数据技术的发展，也不能以牺牲安全为代价放任无序发展。"程守太说。

## 立法加强隐私保护

近年来，中国陆续颁布关于保护个人信息的法律法规，规范政府、企业和个人在使用个人信息方面的行为，为保护个人信息和隐私提供法律基础。

在民事救济方面，2017 年 10 月 1 日实施的《民法总则》第 111 条对个人信息保护做出明确规定："自然人的个人信息受法律保护。"在行政监管上，《网络安全法》以专门章节规定了网络信息安全，要求网络运营者收集、使用个人信息，应当遵循合法、正当、必要原则，公开收集、使用规则，明示收集、使用信息的目的、方式和范围，并经被收集者同意；而在刑事追责上，《刑法修正案（七）》和《刑法修正案（九）》都将个人信息保护作为重要内容，规定了"出售、非法提供公民个人信息罪"以及"非法获取公民个人信息罪"，并加大处罚力度。此外，《刑法修正案（九）》还新增了"数据泄露"的刑罚。

"中国对'个人信息'、'个人隐私'的保护已经初步形成包括民事救济、行政监管、刑事追责的法律体系，囊括法律、行政法规、司法解释及部门规章等。"程守太说。

谢玮表示，"当前中国保护个人信息的立法虽多，但相关规定分散、不成体系，难以为个人信息保护提供切实有效的法律保障，迫切需要加快个人信息保护法立法进程，应通过专门立法，进一步明确网络运营者收集用户信息的原则、程序，明确其对收集到信息的保密和保护义务，不当使用、保护不力应当承担的责任以及监督检查和评估措施。"张平也认为，下一步工作应该注重个人信息和隐私保护的专门立法。

在监管上，谢玮认为要丰富数据安全监管手段，强化对相关企业、平台和系统的技术检测，通过市场调节、社会共治等模式，充分发挥行业技术优势和创新能力，加强对违反规定的数据安全事件的监督执法。

企业是使用数据的重要主体，加强自身制度建设和管理对保护个人信息和隐私也很重要。程守太建议，企业应该设立专职的"数据与隐私保护官"，在日常经营中提供常规的数据与隐私规则。同时根据个人信息保护法律法规要求，在企业内部建立完善的数据与隐私管理制度。

此外，谢玮希望切实推动《网络安全法》中个人信息和隐私保护相关条款的落地实施。要通过执法实践，督促企业主动依法依规强化管理，健全制度。例如完善数据泄露通知机制，要求企业在发生或者可能发生数据泄露、毁损、丢失的事件情况时，应通过电话、短信、邮件等方式通知可能受到影响的用户，提醒受影响用户采取防范措施。

作为数据生产者的个人，也应该在保护个人数据和隐私上发力。张平认为，个人要尽可能少地披露非必要信息，对个人敏感信息更应加以保护，当个人信息受到严重侵害时要拿起法律武器维护权利。

程守太则建议，应该提高隐私与个人信息保护意识。"在下载、安装手机应用时，要仔细阅读用户协议，了解自己拥有哪些隐私权利。对自己的财产、健康生理、生物识别、身份等信息要妥善保管。"

（张一琪）

## ◇ 评论：隐私换便利是因为没的选

2018 年 3 月的中国发展高层论坛上，百度总裁李彦宏一段关于"中国人更愿意用隐私换取便利"的言论，把自己和百度推上了风口浪尖。尽管李彦宏当时的语境，是讨论近年来中国对隐私问题愈加关注话题，但过于直白的表述还是引发了舆论"地震"。因为李彦宏的"实话"击中了长久以来中国网民的痛点——用隐私换便利。但是，这不是因为网民"愿意"，而是因为没的选。

许多人应该都有这样的经历：在使用手机 App 时，会弹出一个"权限使用申请"，要求使用手机的存储、位置、摄像头、麦克风、通信录等等功能，用户拒绝其中任何一项都可能导致无法正常使用 App；或是注册账号时，要勾选"同意隐私声明"选项，如果不勾选，就无法注册成功。

很多人对于这个环节都是匆匆而过，并不会认真分辨权限说明，也不会详细阅读隐私条款。某种意义上，这也"佐证"了李彦宏的看法。但问题的关键是，为什么企业只给了用户一个"要么隐私，要么便利"的非此即彼式抉择？

诚然，有些权限是程序正常使用的必要条件，比如给地图软件开放位置功能，给语音聊天软件开放麦克风功能。但为什么所有的功能必须捆绑在一起让用户全盘接受？以北京轨道交通官方互联网票务服务 App"易通行"为例，用户必须同时开启存储、位置、相机、电话4个权限才能正常使用。可是，一个不想用"易通行"来扫码、打电话的用户，难道就无权享受线上购买地铁票的功能了吗？

在享用互联网带来的空前便利的同时，用户行为也必然会产生海量数据。因此我们不必把对隐私的焦虑转嫁到互联网身上，以为二者截然对立。毕竟隐私是一种主观感受，尺度因人而异，你眼中的隐私很可能是他眼中的"晒"与分享。但数据却是客观真实的，数据中包含隐私是不可否认的。数据不是不可以使用，但决定权要尽可能多地交到用户手里。

的确，绝大多数用户可能并不明白程序的运行原理，搞不懂数据的使用方式，是技术领域的"外行"，正因如此，作为服务提供者才更应该尽可能提供浅切平易的说明、简单明了的介绍，帮助用户跨越技术壁垒。

当选择权交给用户之后，用户也要对自己的行为负责，切实提升隐私保护意识。微博、朋友圈，在为我们提供网络社交场所的同时，也大大加快了个人信息脱离私人控制而向公共空间滑落的速度。带有宣泄性的文字、带有玩笑性质的"黑历史"照片、自己的爱好兴趣和生活习惯，既可以是社交内容，也可能成为被不法分子利用的工具。

1903年，严复以《群己权界论》为名，翻译了约翰·穆勒的《论自由》。如果要写一本《论隐私》，副题或许就可以叫作"公私权界论"。在互联网时代，面对眼花缭乱的新媒体，理性方式是脑中始终绷一根

"公共空间与私人空间"之弦。要避免自己没心没肺地"秀"完之后，又痛彻心扉地"悔"。毕竟，一个赤身裸体走在大街上的人，是无法指责过往行人侵犯了他的隐私权的。

（韩维正）

## ◇ 他山之石

欧盟：立法保护个人数据

《一般数据保护条例》（简称 GDPR）在 2016 年 4 月出台，是对 1995 年出台的《数据保护指令》的革新。经过两年过渡，该条例于 2018 年 5 月正式实施。GDPR 为欧盟范围内自然人的个人数据提供了较高程度的统一保护。其立法目的，既是为了借助严格的个人数据保护规则约束互联网企业，又可以借助统一的个人数据保护立法，在欧盟内部市场营造一个自由、公平的竞争环境，形成竞争优势，推动欧盟互联网企业发展壮大。

GDPR 保护的仅是"个人数据"，不涉及个人数据以外的其他数据。这里所指的个人数据仅限于有生命的自然人的个人数据，不包括死者、胎儿等。同时，个人数据的保护不涉及匿名信息，或者经过匿名化处理以至于不再具有可识别性的信息。

GDPR 有 7 个原则：1. 合法、公平、透明原则；2. 目的限定原则，出于特定、明确、合法的目的收集个人数据，进一步处理不得有悖于前述目的，除非符合公共利益、科学研究等正当目的；3. 数据最小化原则，所收集、处理的个人数据之于其处理目的，应当准确、相关、必要；4. 准确原则，确保个人数据准确、时新；5. 有限留存原则，除非符合公共利益、科学研究等正当目的，否则对个人数据的留存期限不能超过其处理目的；6.完整、机密原则，采用技术手段确保个人数据安全，不被非法处理、窃取、损毁等；7.责任原则，控制者应当遵守前述6项原则并承担责任。

美国：多领域有隐私权法案

美国是世界上最早提出并通过法规对隐私权予以保护的国家。美国在1974年通过《隐私法案》，1986年颁布《电子通信隐私法案》，1988年又制定《电脑匹配与隐私权法》及《网上儿童隐私权保护法》。

1974年的《隐私法案》是美国最重要的一部保护个人信息方面的法律。该法律对政府机构应当如何收集个人信息、什么内容的个人信息能够储存、收集到的个人信息如何向公众开放及信息主体的权利等，都做出了比较详细的规定，以此规范联邦政府处理个人信息的行为，平衡隐私权保护与个人信息有利利用之间的紧张关系。

从法律角度看，美国的"隐私权"可以有以下几个方面的理解：1.公民个人保有秘密或者寻求隐匿的权利；2.公民个人的匿名表达权；3.在私人信息脱离本人排他所有权之后，控制他人接触到这些信息的能力；4.制止某些运用公民私人信息的消极结果；5.个人做出私人决定而不受政府干涉的权利。

20世纪80年代以来，美国又制定了一系列具体的法案来保护隐私。金融领域出台《金融隐私权法案》，保险领域出台《健康保险隐私及责任法案》，电视领域出台《有线通信隐私权法案》，电信领域出台《电信法》，消费者信用领域出台《公平信用报告法》，等等。

大数据不断发展，对原有隐私权产生了挑战，过去的许多法案有些已经不再符合实际。因此美国也一直寻求新的立法以适应大数据时代的发展。

（张一琪　整理）

# 20. 今天，我们如何养老

———— 核心阅读 ————

老龄化一方面是人类经济社会发展的必然趋势，是任何一个国家在发展进程当中都会遇到的必然性问题；另一方面，老年人口中蕴藏着的巨大人才优势、老龄产业中蕴藏着的巨大市场潜力，如果充分挖掘，严峻"挑战"完全可以转变为又一个机遇。

有了明确的服务标准，既能保证服务质量不会因人员流动而起伏反复，也能保证服务施受双方权责明确，避免管理风险。

与其把希望寄托在民营资本的"情怀"上，不如探索一个政府、企业、消费者三方共赢的新模式。正是在这种背景下，共有产权养老应运而生。

中国人常说："养儿防老。"在农业社会，人们的经济活动与伦理活动，都在家庭之中完成，耕地纺织与养老育幼，几乎可以同时进行。但随着人类进入工业社会，单位、企业、社会已替代家庭，成为现代社会养老服务的重要渠道。因此，农业社会价值观念中，子女身上承担的孝亲养老功能，就势必要被社会化养老所分担。

这会带来一个问题：如何在国家与市场的协作下，把子女身上的部分养老功能，以合理方式和价格，交给专业人士承担。

在信息爆炸时代，养老问题众说纷纭。但万变不离其宗，理解中国的养老问题有两个基本框架：养老服务与养老保障。养老保障讲的是我们养老的钱从哪里来，而养老服务讲的是，当我们老了，除了依靠子女之外，我们还有什么选择。

那么，现在中国社会能够提供何种程度的养老服务呢？

## 中国真的是"未富先老"

判断老龄化社会的国际通行标准有两个：

第一，1956 年联合国认定，当一个国家或地区 65 岁及以上老年人口数量占总人口比例超过 7%时，就意味着这个国家或地区进入了老龄化。

第二，1982 年维也纳老龄问题大会认定，60 岁及以上老年人口比例超过 10%，意味着进入老龄化社会。

中国在 2000 年第五次人口普查时，两个标准同时满足，意味着自 1999 年底起，中国已正式进入老龄化社会，迄今已近 20 年。

当前，中国的老龄化状况究竟如何？中国老年学和老年医学学会长刘维林概括出 3 个基本特点：

首先，中国是老龄人口规模最大的国家。据全国老龄办最新数据，截至 2017 年底，我国 60 岁及以上老年人口有 2.41 亿人，占总人口的 17.3%。

其次，中国是老龄化速度最快的国家。从成年型社会到老龄化社会，法国用了 115 年，美国用了 60 年，日本也用了 30 多年，而中国只用了 18 年。目前中国每年老年人口的增长率在 3.5%左右。

最后，中国应对老龄化挑战最严峻。发达国家在进入老龄化社会时，人均 GDP 在 5000—10000 美元之间，而这个数据在 1999 年底的中国仅为 850 美元。这正是中国人"未富先老"说法的由来。

越是"冷酷",越是清醒,冷静地指出问题并非是为了引起恐慌,而是为了更好地解决问题。这也正是刘维林对中国解决好老龄化问题充满信心的来源。在他看来,老龄化一方面是人类经济社会发展的必然趋势,是任何一个国家在发展进程当中都会遇到的必然性问题;另一方面,老年人口中蕴藏着的巨大人才优势、老龄产业中蕴藏着的巨大市场潜力,如果充分挖掘,严峻"挑战"完全可以转变为又一个机遇。

中国对老龄产业的顶层设计,也在印证着刘维林关于老龄产业是机遇的看法。过去 5 年,仅国家部委就出台涉老政策文件 100 多个。2016 年 7 月,民政部和国家发改委印发《民政事业发展第十三个五年规划》,提出了具体的养老服务体系目标,即全面建成以"居家为基础、社区为依托、机构为补充、医养相结合"的多层次养老服务体系。中共十九大报告更是明确:积极应对人口老龄化,构建养老、孝老、敬老政策体系和社会环境,推进医养结合,加快老龄事业和产业发展。

各地也围绕上述规划提出了"9073"或"9064"模式,即提倡90%的老人居家养老,7%或6%的老人依托社区养老,3%或4%的老人进入机构养老。可以说,这就是未来可供中国人选择的主要养老方式。

在探访中,很多地方已经探索出有益经验,也暴露出一些问题。

## "一福标准":公办养老院的标杆

说起社会化养老,大多数人首先想到的是养老院。坐落于北京北三环外的北京市第一福利院,也就是本地人常说的"一福",正是一家伴随改革开放发展起来的公办养老院的样本。

现年 82 岁的张令猷老人,2010 年和老伴儿一块儿住进了"一福"。

张老说，在考察了多家养老院后，"一福"凭借先进的"医养结合"模式、优质的服务和便宜的价格，最终让自己动了心。

而最打动张老的，在于它是一个学习型的福利院。"里面有各种班，唱歌、跳舞、棋牌、钢琴、音乐鉴赏，老年人需要什么，老年大学就开什么班。这儿有 8 台钢琴，6 台手风琴，哪个福利院有这样的条件?"张老本人一直兼任福利院里的书法班老师，义务为老人们上了 8 年书法课。

同样令张老感动的还有工作人员的服务态度。"一福"院长常华从事这一行已经 30 年了。多年来，常华农历大年三十都没回过家，而是在养老院度过。他会来到食堂，跟老人、社工、食堂师傅、送餐员们一起包饺子。张老更是每年都会参加。"这不是干活儿，是感情的沟通。"张老说，"他们伺候我们一年 365 天，没有休息，包饺子是个机会，跟工作人员和师傅们道个谢"。

对于老人们非常关心的"医养结合"模式，常华介绍，大多数医疗机构和养老机构互相独立、自成系统，老年人一旦患病，不得不经常往返于家庭、医院、养老机构之间。而"一福"早在 1988 年就挂牌成立了北京老年病医院，开创"医养结合"服务模式的先河。如今北京老年病医院已升级为二级专科医院，老年人不出院门就能解决大部分医疗需求。

从 2015 年起，"一福"响应政府指示，仅接收优待服务保障对象和失独特困家庭 70 周岁及以上失能老年人，回归公立养老院的"兜底保障"定位。

近 20 年来，"一福"坚持以标准化为支撑，率先在国内推进养老服务标准化工作，为行业发展作出贡献。

对于老人来说，如果护理人员今天热情、明天冷淡，这个勤快、那个怠惰，无疑都会给他们的养老生活蒙上阴影。

而有了明确的服务标准，则既能保证服务质量不会因人员流动而起伏反复，也能保证服务施受双方权责明确，避免管理风险。养老机构能 365 天 24 小时持续稳定地为老人提供子女一样的服务。"这就是我们这里最高的法。"院长常华指着一套《北京市第一福利院服务保障标准》说。

2017 年底，首个对全国养老机构服务质量进行规范的国家级标准《养老机构服务质量基本规范》正式发布，"一福"正是编写单位之一。"一福标准"正在引领全行业规范发展。

但这家老牌公立养老机构如今也有自己的困惑。老话讲"久病床前无孝子"，养老机构某种意义上承担着久病床前的孝子角色。可比起普通医疗机构的医务人员，他们一方面提供着更为细致周到的护理服务，另一方面又在薪资待遇上相差甚远，人才向民营机构流失严重。作为先行者与改革者，他们也在时常问自己：未来年轻人有什么动力继续投入到这项事业中来？答案需要不断探索和改革。

## 恭和家园：共有产权养老新模式

北京市民政局副局长李红兵曾说，在养老界流传甚广的一句俗语："养老服务，家庭担不起、政府包不起、企业赔不起。"

人人都知道，仅靠国家财政来负担养老并不现实，应该引导社会资本引入养老产业，可是一直未能探索出一个合理的盈利模式，因而在重资产、高投入、回报周期长的现状下，社会资本常常裹足不前。

即便像"乐成养老"这样较早从事专业养老服务的民营企业，也曾为此发过愁。以乐成养老旗下的养老机构"北京双井恭和苑"为例，作为北京首家"医养结合"试点单位，该项目总投资 3 亿元左右，按照目前的价格（每人每月每床 7000—25000 元不等），要 50 年才能收回成本。这样的项目，谁会来做第二个呢？

与其把希望寄托在民营资本的"情怀"上，不如探索一个政府、企业、消费者三方共赢的新模式。正是在这种背景下，共有产权养老应运而生。

2017年12月，北京市民政局、北京市规划国土委、北京市住建委联合宣布，国内首个共有产权养老试点项目——双桥恭和家园集中式居家养老社区模式诞生。

这个模式的一大亮点是产权共有。购房者拥有养老房95%的产权，且每间房必须入住一名60周岁以上老人并缴纳每月3080元的服务费。购房者有国家承认的房屋产权证，转让、出租、继承都可以。余下的5%产权由乐成养老作为养老运营商永久持有，不得买卖，这一设计是为了保证小区作为养老用途的纯粹性。

"这样开发商就不可能卖了房子就跑，没有后续服务运营。同时，如果购房者想要改变房子的养老用途，我们这5%的话语权也能够对其形成一定的约束作用。"恭和家园销售经理徐昊说，目前，恭和家园一期135套房屋，已按照每平方米45000元的价格销售完毕，入住60%左右。

该小区的养老用途，不仅体现在便老装修、医务站、无障碍活动区等硬件设施上，也体现在每座楼配备生活管家等"软件"服务上。

90岁的王伯英老人，退休前是北京市101中学的教师，一个月前刚跟老伴儿搬进了恭和家园。王老说，选择恭和家园一是因为这里设施完备环境好，但更主要的是有家的感觉。

王老感慨，自己的一些老朋友住进养老院后，有时会产生寄人篱下之感。"一些养老院怕承担责任，对于老年人管得很严格。出门要请假、来客人要登记，让人感觉很不舒服，缺少尊严。"王老为此还写了两句顺口溜：一生未犯刑律罪，老来又在囹圄中。

"在这里则不一样。因为这终究是我自己的房子，很自由。"王老说。就在记者采访过程中，负责王老的生活管家，按时给老两口从医院取来了订购的药品。

在乐成老年事业投资有限公司总经理助理王菲看来，"共有产权养老"模式的创新，就在于实现了供给侧和需求侧的双赢。"从供给侧角度，这一模式破解了民营资本的流动性瓶颈难题。通过销售养老居室，企业可以快速把前期重投资收回来，进而可以'轻装上阵'，踏踏实实地把运营做好。从需求侧角度，则满足了老人享受养老服务同时拥有产权的诉求，同时解决了购买者几代人的养老需求。"

## 持续关注：养老驿站、文化养老

无论是"一福"还是恭和家园，总体来说，覆盖面终究有限。大量散住在城乡的老人，如何获得良好的养老服务？刘维林认为，以三里屯养老驿站为代表的养老驿站模式或许是今后的一个发展方向。

这些散落于社区的养老服务驿站，集文化娱乐、日间照料、精神关怀、养老助残服务等功能于一体，是离老年人最近的服务平台，为居家老年人提供上门服务，或者老人去驿站得到服务。

这些驿站定位在中低收入的居家老年人，加上政府在房屋场所、水电气热等方面的支持，价格较为低廉，容易为更多老年人接受。刘维林认为，只要通过专业化、连锁化运营，这种养老驿站模式终能逐渐降低成本，走上良性发展轨道。

老年人的精神文化需求也应更加引起注意。很多老年人离开工作岗位后，常感到精神空虚，文化知识的储备也十分欠缺，电脑不会用，手机不会用。这就需要更加重视"文化养老"。像"大美枫林"这样的企业，正是聚焦文化养老，一方面帮助老年人转变认识理念，积极看待老龄社会、老年生活；另一方面帮助老年人补习文化知识，掌握生活技能，让他们的老年生活成为有作为、有进步、有快乐的重要人生阶段。

（韩维正）

## ◇ 他山之石：国外养老模式一览

### 美国的居家养老模式

居家养老是居家与社会服务相结合的养老方式，即老人住在家中，由社会来提供养老服务的一种养老方式。居家养老能够充分整合利用家庭、社区资源，使养老成本大大降低。居家养老服务机构提供的专业服务也能使老人的生活质量得到较好的保证，确保实现"安养、乐活、善终"的老年生活目标。

美国的居家养老服务依托医院和专业护理服务机构网络，提供陪伴和做家务、个人护理、健康引导和专业护士服务等居家养老服务，主旨是让老年人享受有品质的晚年生活，在家中生活得更安全、更舒适、享有自尊和保持独立。包括生活自理型服务、生活协助型服务、特殊护理服务、持续护理服务等。而适合哪种服务，则根据老人的相关日常生活活动指标而定。

### 英国的社区养老模式

社区养老模式是依托社区，组织官方或民间以及大量志愿者，为生活在社区内的受照顾者提供服务。从老年人角度看，社区养老可以使自己在家中接受服务；从政府角度看，可以提高效率，不需要很复杂的机构和设施，所需投资少，促使服务资源配置更合理，提高服务质量。

英国的社区照顾主要有"社区内照顾"和"由社区照顾"两种方式。"社区内照顾"是指由政府直接干预并有制度和法律体系的规范性养老照顾;"由社区照顾"是指通过血缘关系或道德维系的没有政府直接参与的非规范性养老照顾。社区照顾有较多的服务措施,主要是通过家居服务、家庭照顾、老年公寓、托老所、老年社区活动中心等服务项目实现。

### 日本的机构养老模式

机构养老模式是指依靠国家资助、亲人资助或老年人自助的方式,将老人集中在专门为老年人提供综合性服务的机构(养老机构)的养老模式。随着家庭结构的小型化和文化程度的逐步提高,越来越多的老年人将会接受由养老护理机构照顾。

在日本,养老机构根据不同的功能和服务对象大体上分为 3 种:一是老人特别养护之家,主要收养生活不能自理、家庭无力看护且需要长期护理的老人;二是老人养护之家,为那些 65 岁以上的贫困老人和没有住房、生活不能自理的老人提供服务;三是低费老人服务院,原则上接纳 60 岁以上的低收入夫妇,也包括由于无子女、经济以及家庭住房困难等原因不能居家养老者。

(张一琪 整理)

# *21*. 以房养老，如何把好事办好？

————————— 核心阅读 —————————

　　以房养老是应对老龄化的有效手段之一，在全国开展有助于中国多层次养老保障体系的建设，通过这种政府和市场合理分工方式构建的养老保障体系最为高效，是非常明确的政策举动。从发达国家的发展历程来看，以房养老契合中国居民未来养老安排和消费理念，现阶段的"遇冷"只是暂时现象。

　　政府需要在完善法制环境、健全风险分担机制、完善监管保障各方当事人合法权益等方面下功夫。同时，金融市场、房地产市场和养老服务市场的不断发展，金融技术的更新升级和专业人才的大量聚集，将推动以房养老市场的发展。

　　以房养老不会也不可能替代政府承担的基本养老责任。养老是一个系统工程，需要产业各方的通力协作。要进一步完善养老产业布局，探索通过引入长期护理保险与以房养老保险产品有效融合、发展康复医疗等，为老年人提供更全面、多层次的养老服务。

　　"以房养老"是否划算？"以房养老"试点遇冷为何还要在全国开展？"以房养老"能走多远？——日前，银保监会发布了《关于扩大老年人住房反向抵押养老保险开展范围的通知》（以下简称《通知》），将"以房养老"保险由原来的试点城市，扩大到全国开展。一时间，"以房养老"再次引发社会热议。

辛苦买套房，等老了"倒按揭"给保险公司，每个月吃定额养老金，这种"前半生我养房子，后半生房子养我"的做法，此前在全国多地试点已满 4 年，但满打满算不到百户人家参与。

作为一项创新养老模式，"以房养老"可以为老年人提供多样化养老保障，但在政策愿景和现实操作之间，还有一些必须要迈过的坎儿。

## 为何全国开展？
## 具有创新价值遇冷只是暂时

仅一家保险公司开展业务，累计承保 139 单（99 户）——2014 年 7 月在北京、上海、广州、武汉正式开展"以房养老"试点至今，可是进展缓慢、市场遇冷。

"以房养老"，也被称为"老年人住房反向抵押养老"或者"倒按揭"，是跟人们从银行按揭贷款买房正好相反的一种操作。拥有房屋完全产权的老年人，将其房产抵押给保险公司，但继续拥有房屋占有、使用、收益和经抵押权人同意的处置权，并按照约定条件领取养老金直至身故；老人身故后，保险公司获得抵押房产处置权，处置所得将优先用于偿付养老保险相关费用。

作为一种创新的养老方式，"以房养老"由保险公司承担风险，确保老人的晚年生活后顾无忧，为老年人提供了新的养老解决方案。

然而，这一养老新选择似乎有些"不受待见"。对保险公司来说，这项保险属于保本微利型业务，且涉及房地产、金融、财税、司法等多个领域，存在许多不确定性。对老年人而言，受传统养老观念、产权纠纷、房产市场不稳定、相关配套政策不完善等因素影响，同样顾虑重重。

由于试点效果不尽如人意，"以房养老"在全国开展引发争议。一些业内人士认为，"以房养老"现阶段仍处于"小众"状态，不具备大范围推广的市场环境。

那么，"以房养老"为何在全国范围开展？银保监会此次发布的《通知》中指出，将"以房养老"保险扩大到全国范围开展是为了"对传统养老方式形成有益补充，满足老年人差异化、多样化养老保障需求"。专家表示，尽管试点成效不甚理想，但并不能因此否定"以房养老"保险的重大创新价值和实践意义。

"'以房养老'是应对老龄化的有效手段之一，在全国开展有助于我国多层次养老保障体系的建设，通过这种政府和市场合理分工方式构建的养老保障体系最为高效，是非常明确的政策举动。"中国保险学会会长姚庆海表示，从发达国家的发展历程来看，"以房养老"契合中国居民未来养老安排和消费理念，现阶段的"遇冷"只是暂时现象。

中国老年学和老年医学学会会长刘维林同样认为，作为解决养老问题的一种选择，"以房养老"通过金融机构、保险公司代理模式，可以增加老年人养老资本，提高老年人生活质量，也能扩大内需，刺激消费，是有积极意义的。

## 困局重重怎么破？
## 做好政策研究培育成熟市场

那么，以房养老到底划不划算呢？两位网友的对话很有意思——

一位网友说："30 岁，你买一套房子，再用 30 年还房贷，把自己半辈子交给银行。60 岁，你退休，再把半辈子买来的房子交给保险公司，保险公司给你发钱养老，房子最终归他们。这辈子，你都干了什么？"另一位网友回复："这辈子你让自己好好体验了人生！以房养老有什么不好？每个人都为自己负责，就是一个美好的社会。"

是否选择"以房养老"？仁者见仁，智者见智。其实，在发达国家，"以房养老"也是一种非主流的养老模式。中国社科院世界社保研究中心主任郑秉文认为，在较长时期内，不应对"以房养老"保险市场有过高的期望值，但作为养老保障制度的一个组成部分，"以房养老"对于某些群体扩大退休收入来源具有不可替代的作用。

那么，"以房养老"试点遇冷，又该如何破局？曾有媒体总结出中国"以房养老"模式的四大困局——观念之困："靠儿不靠房"仍是主流观念；保障之困：养老机构"一床难求"；操作之困：老人"担心"，机构"畏难"；政策之困：70年产权到期后归谁？专家认为，"以房养老"涉及政府、金融机构、保险机构、老年人家庭等方方面面，需要政府统筹和各方通力协作。

"国际上的先进经验都是建立在'政府支持＋市场成熟'的基础上，且经历了多年的发展。要将其推广，既要有完善的机制，还要有成熟的技术和市场。"姚庆海表示，政府需要在完善法制环境、健全风险分担机制、完善监管保障各方当事人合法权益等方面下功夫。同时，金融市场、房地产市场和养老服务市场的不断发展，金融技术的更新升级和专业人才的大量聚集，将推动"以房养老"市场的发展。

刘维林则认为，保险公司不能只算经济账，需要有配套的支持政策和前期投入，先培育市场，再走向成熟。他建议，"以房养老"在全国开展，地方政府应根据实际，做好政策研究，地方金融机构和保险公司也要大胆试、大胆推，逐步探索可复制推广的模式。

银保监会此次发布《通知》表示，保险机构要做好金融市场、房地产市场等综合研判，加强老年人住房反向抵押养老保险业务的风险防范与管控；积极创新产品，丰富保障内容，拓展保障形式，有效满足社会养老需求，增加老年人养老选择。

## 养老保障怎么干？
## 共同承担责任推动产业发展

历经多年发展，中国基本形成了由基本养老保险、企业补充养老和个人商业养老保险构成的养老保障三支柱格局。

截至 2017 年末，全国基本养老保险覆盖超 9 亿人，积累基金超 4.6 万亿元，第一支柱已经形成"城镇职工＋城乡居民"两大制度平台。第二支柱方面，同期全国已有近 8 万户企业建立企业年金，参加职工逾 2300 万人，积累基金近 1.3 万亿元。相比之下，第三支柱的发展脚步迟缓。

相关专家表示，从国际经验看，一个完备的养老保险体系必然要实现政府、企业（雇主）和个人三方责任共担，而商业养老保险第三支柱是个人分担养老责任的重要体现，可以有效引导个人通过预防性养老储蓄与投资，承担个人在养老活动中的责任。

事实上，本次"以房养老"的全国开展，正是中国在强化养老保障第三支柱方面的新尝试。姚庆海认为，"以房养老"在全国深入推广，需要社会养老理念转变，认可保险功能作用。他建议，社会公众和政府应重视发挥保险业在养老、医疗等多层次社会保障体系建设中的作用，保险业还需在这些方面开展大量的宣传咨询工作。

自然，"以房养老"不会也不可能替代政府承担的基本养老责任。养老是一个系统工程，需要产业各方的通力协作。专家建议，要进一步完善养老产业布局，探索通过引入长期护理保险与"以房养老"保险产品有效融合、发展康复医疗等，为老年人提供更全面、多层次的养老服务。

"养老主要包括两大方面：一是要加强养老服务体系建设，针对老年人医疗卫生、文化娱乐、家政等需求，建立完善的养老体系。二是要完善养老保障体系，完善养老金、医保、福利救助、商业保险等制度建设。"刘维林说。

全国老龄办常务副主任王建军表示，我国养老服务体系建设开端良好，但养老服务业发展仍不充分。下一步将加强事中事后监管，实现多元主体办产业，不断满足老年人对产品和服务的多层次、多样化需求。

"中国进入老龄化是'未富先老'，且存在地区发展不平衡、老年人群发展不平衡、社区养老尤其是居家养老基础薄弱等问题。要大力推动养老事业发展，还要推动老龄产业发展。"刘维林说。

（王　萌）

## ◇ 专家解读："以房养老"三大疑问

受访专家：中国保险学会会长　姚庆海

　　　　　西南财经大学博士　完颜瑞云

### 1. "以房养老"是把房子交给保险公司？

事实上，选择"以房养老"并不意味着房子最终归保险公司。举例来说，70岁的老人拥有价值100万元的房子一套，抵押给保险公司，签订合同指定受益人，保险公司以5.5%的利息每月支付老人养老金（每月大概3700元）。老人去世后，受益人有两个选择：其一是保险公司按照当时市场价评估房子价值，扣减老人领取的养老金，剩余部分保险公司支付给受益人；其二是受益人将老人领取的养老金加利息总金额交给保险公司，获得房子。

这样来看，这种养老模式只是一种消费方式的转变，保险公司并没有额外获益。公众对"以房养老"的抵触通常建立在"以后房子没了"这一点上，说明公众对该产品还缺乏足够的认识。

2."以房养老"是"政府转移养老压力"？

这种说法有失偏颇。近年来，中国政府在基本养老保险上的投入逐年攀升，政府一直在加大养老资金投入，并无转移压力的做法。

中国致力于构建多层次的养老保障体系，基本形成了由基本养老保险、企业补充养老和个人商业养老保险构成的养老保障三支柱格局。为满足人民群众日益增长的养老保障需求，中国在做强主业——基本养老保险的同时，也在大力推进商业养老保险计划，其中就包括住房反向抵押贷款——"以房养老"。尤其重要的是，"以房养老"是商业行为，不存在强制性。

"以房养老"在发达国家如日本、美国、英国、新加坡等地区都已发展出了成熟模式。通过这种制度安排，一方面给满足条件的老年人提供了更多的选择；另一方面也开阔了养老保险的视野，有利于拓展养老保险产品开发的思路，建设多层次养老保障体系。

3."以房养老"全国开展要解决哪些问题？

从政策环境看，"以房养老"实施过程中，可能涉及遗产继承纠纷、地面附着物处置计价、房屋价值波动损失承担等法律问题。针对这些问题，首先，需要制定和完善相应的法律法规。其次，开展"以房养老"需要在一个相当长的时期内提供大量的资金，需要安排适当的财政税收政策支持。最后，需要建立必要的政策性保险机制。从国际经验来看，推行反向抵押贷款有必要设立最终的保险人，这当中离不开政府的作为和担当。

从社会环境看，"以房养老"作为一种新型的金融工具，面临着利率、房价、经济周期、长寿等各项风险。就中国情况来看，房地产市场价格走势、人均预期寿命等因素还没有形成长期稳定的预期。监管机构要重视对风险的监测和控制，切实做到保护消费者的合法权益不受损害。

从市场环境看，中国是典型的供给推动型保险市场，"以房养老"产品的推广，最终还是需要从供给侧发力，开发满足消费需求的产品。保险公司应立足现实，综合运用先进的科技手段，开发设计能够满足消费者多方面多层次养老需求的产品。

（王萌　采访整理）

## ◇ 评论：养老还是得大家一块来

经过 4 年时间试点，"以房养老"正式开始向全国推行。这多少有一点出人意料，但是依然在情理之中。

"以房养老"顾名思义就是和房屋相关。2013 年 8 月，国务院发布《关于加快发展养老服务业的若干意见》，鼓励开展老年人住房反向抵押养老保险试点。2014 年 6 月，试点工作在北京、上海、广州、武汉启动。2018 年 8 月，银保监会下发通知，要求把这一业务由试点扩展至全国。

推向全国的消息一出，社会又一次聚焦在了以房养老话题上。尽管已试点 4 年时间，但参与者寥寥无几，未来如何完善这项业务仍然需要不断探索。

据相关数据显示，2017 年末，中国 65 周岁及以上人口已经占总人口的 11.4%，中国社会的老龄化趋势进一步加强。然而中国的老龄化却又是"未富先老"：中国依然是世界上最大的发展中国家，全社会的养老资源相当有限。

就目前实际情况而言，单独依靠政府来全面承担养老职责是不现实的。还是应该建立多层次养老保障体系，政府、社会和家庭来一起解决养老问题。

政府应该不断完善养老政策，同时要探索推出新的养老方式，扩大养老保障的供给。中共十九大报告中提出，完善城镇职工基本养老保险和城乡居民基本养老保险制度，尽快实现养老保险全国统筹。养老保险制度将会在人们的养老中发挥越来越重要的作用，未来在顶层设计上将会有越来越多越有效的政策。

社会则应该发挥更大作用。在欧美国家，居家养老、社区养老，多种多样的养老方式都是由社会来承担相应责任，而政府则承担监管职能。与之相比，中国的社会养老方面还有很大的进步空间。比如养老院，政府承办的公立养老院，条件好，价格实惠，但是人满为患，供给不足。而民营养老院，条件也很好，但是价格很高，普通老人基本承担不起。因此，可以探索利用社会力量办养老院，为老人提供优质养老服务。

家庭养老是不可或缺的一部分。父母操心了一辈子，在家安享晚年是应该的。子女应该承担起赡养老人的责任，让老人能够颐养天年。然而，现代社会中人们的工作生活节奏越来越快，子女有时难免会忽略老人，这可能会造成老人的孤独感。因此，在赡养老人时，子女应该认识到，让老人获得精神上的慰藉有时会比物质上的满足更重要。让老人更多融入家庭生活中，两代、三代同堂，其乐融融，也是人生的一大幸事。

中国进入老龄化社会，会面临很多问题，必须逐一解决。老人为家为国工作了一辈子，理应安度晚年，国家、社会和家庭共同发力，养老才能做得更好，老人才能开心快乐。

（张一琪）

# 22.网红，要红出正红色

─────── **核心阅读** ───────

　　网红是互联网的产物，没有互联网就没有网红；但是，有了互联网不一定有网红，而是社交网络在互联网技术中居于主导地位的时候，才为网红提供了技术基础，也给网红带来了机遇。

　　人际关系尤其是私人关系成体系缺失的时候，在缺失的地方会产生一个类似黑洞的结构洞，它会吸收大量能量，而网红正处在这个洞中。网红正是在人际关系缺失时，满足了一些人的心理需求，而吸引了大量关注。

　　治理低俗网红理所应当，但也要区别对待俗文化和低俗内容，俗文化是网络文化的发展方向。要加以合理引导，既要有高雅内容，也要有俗内容，做到雅俗共赏。

　　美国艺术家安迪·沃霍尔有一条"15分钟"预言：每个人都可能在15分钟内出名；每个人都能出名15分钟。移动互联网已经让这则预言成为现实。而更现实的是，如今，15秒就可以让一个人成为网红。

　　网络上对网红的定义是，在现实或者网络生活中因为某个事件或者某个行为被网民关注从而走红的人，或长期持续输出专业知识而走红的人。由网红带动起来的网红经济也成为一种新的经济形态。比如网红"papi 酱"融资 1200 万元，网红电商张大奕近几年每年营收破亿元。

不可否认的是，网红也存在着许多问题。污名化、低俗化从网红诞生至今挥之不去，其使用的营销手段、表现方式，有时会向社会传达一种错误的价值观，对网红的主要受众青少年带来诸多不良影响。

那么，网红为何会出现？网红是否会演变为洪水猛兽？

## 网红红遍网络

网红因网而生，随着互联网不断升级发展，网红也在不断迭代升级。

第一代网红，诞生于互联网博客时代。迄今，博客时代的许多网红依然在网络上有着不小的影响力，如安妮宝贝等。

图片在网络上传播越来越方便的时候，"天仙妹妹"尔玛依娜等以某一张图片而走红，成为图片传播时代的网红代表。

当互联网发展进入社交网络时代，微博成为网红的聚集地，其传播方式和特性造就许多网红，其代表有免费午餐邓飞、潘石屹等。电商则为网红的商业化带来了契机。微博与电商打通，让网红向网红经济演变，推荐成为渠道。

进入移动互联网时代，视频成为了网络传播中的主要内容。网红逐渐向直播和短视频聚集，快手、小咖秀、抖音的短视频 App，斗鱼、映客等直播 App，为网红制作和传播内容提供了平台。网红进入视频时代，最有影响力的代表就是"papi 酱"。

纵观网红发展史，每一次互联网技术发展带来的都是网红定义的扩展。"网红是互联网的产物，没有互联网就没有网红，"中国社会科学院信息化研究中心秘书长姜奇平表示，"但是，有了互联网不一定有网红，而是社交网络在互联网技术中居于主导地位的时候，才为网红提供了技术基础，也给网红带来了机遇。"

究竟谁来消费网红？中国艺术研究院学者孙佳山用数据揭示了网红的消费主体。截至 2017 年 12 月，中国网民达到 7.72 亿。这一庞大数据中有一个"7966"现象，即 40 岁以下的网民占了 70%；没有受过本科及以上教育的网民占了 90%；月收入 3000 元以下的网民占据 60%；60%的网民没有正式工作，这包括学生、离退休人员、自由职业者和个体户等。其中，中国农村网民已经达到 2.09 亿。同时现有网民中有 1.48 亿的网民是通过网吧在上网。"这些群体构成了消费网红的主力军。"孙佳山说。

## 网红因何而红

谈起网红，很多人不由自主联想到明星，在报纸、广播和电视为主要媒介的时代，造就一个明星需要耗费大量的媒介资源，高曝光需要制造话题，购买媒介时间等，所以明星很少。但是，互联网技术带来的媒介迭代，社交媒体逐渐成为媒介主流，一部智能手机就能为一个人带来曝光，网红应运而生。

技术带来的媒介迭代，只是网红走红的基础。网红的走红，还有着深刻的社会背景。

"网红是经济发展到一定阶段的产物，民众在收入增加之后心理需求也在不断增加。"姜奇平说，"从社会基本矛盾的变化中，也可以分析出在物质需求逐渐被满足之后，心理需求也不断地增长，需要满足"。因此，经济发展带来的社会心理需求的增加，为网红提供了生存土壤。

如今打开电商 App，经常看到各种网红店铺，销售各种各样的商品，用网红吸引人们去消费。"标准的服务业无法满足每个人的体验需求，"姜奇平说，网红以及网红经济为个体带来的就是一种体验，满足对其感兴趣的人的需求。电商利用网红提供的就是个性体验。

消费网红的主体是"90后""00后"等"千禧一代"，他们是与互联网共同成长的一代，能够熟练使用新媒介，更易于接受网红这种新的社交模式和消费模式。"这一代人完全在互联网环境下生长起来。他们所掌握的信息媒介、对世界的认知方式，与启蒙时代以来的所有人相比，都是完全不一样的。他们获取信息的迅捷度、便捷度，不是我们过去能够想象的，是一种完全不可思议的状态。"孙佳山说。

个人价值观的多元也是推动网红发展的一个重要因素。"个人价值观与社会价值观对应。社会价值观指一个社会的共同价值，是一元化的；而个人价值观则是求同存异中的存异，更强调个体的不同价值追求。"姜奇平说，当吃喝等生存问题解决之后，个体也有时间和精力来关注个性发展，而网红就正好满足了个体关注个性发展的需要。大量网红正是个人价值观多元化的体现。供销两旺的文化产业也为网红发展提供了一个大的环境背景。

## 网红要红得正

根据姜奇平的研究：网红现象和物理学中的黑洞很像。"人际关系尤其是私人关系成体系缺失的时候，在缺失的地方会产生一个类似黑洞的结构洞，它会吸收大量能量，而网红正处在这个洞中。"姜奇平说，网红正是在人际关系缺失时，满足了一些人的心理需求，而吸引了大量关注。

不过，一些网红靠低俗、哗众取宠等内容实现走红。一个女孩直播用垃圾桶吃面，虽然经过消毒，但依然令人作呕，她自己也最终忍受不了。这不是个例，有些网红为了增加自己的知名度而制造低俗内容。因此，治理低俗内容是网红监管中必不可少的内容。

国家相关部门一直在不断督查相关企业，明确要求坚持正确的价值导向，营造风清气正的网络环境。

今日头条相关负责人表示，今日头条对内容采取机器审核与人工审核的方式，所有视频都必须过审。杜绝低俗、哗众取宠、恶搞以及不利于未成年人等内容，同时也杜绝欺诈有害信息等内容。同时，运营人员在日常工作中会不断增补审核标准。

姜奇平表示，治理低俗网红理所应当，但也要区别对待俗文化和低俗内容，"俗文化是网络文化的发展方向"。他认为，要加以合理引导，既要有高雅内容，也要有俗内容，做到雅俗共赏。孙佳山同样认为，网红受众群体的文化消费需求应该得到正视，"难道让这部分消费者突然转去读莎士比亚和莫言吗？显然不现实"。

姜奇平建议，可用市场方式来解决网红问题，在数量管理上引入评价机制，就像流行音乐榜等排名机制一样。在评选过程中，低俗的、劣质的内容自然会排在最后，逐渐退出市场。

"如果市场失灵，那就用社会治理，利用文化界、行业协会的协同作用，来制定标准，遏制低俗内容。如果社会治理依然不奏效，那就需要政府干预了。"姜奇平总结说。

现在各大短视频平台上经常出现一些更有特色的网红，传播内容朴实、有趣，赢得了大量关注。四川省泸州市三块石村的刘金银，他每天直播自己的生活：扫地、做饭、喂猪、插秧、打鱼，展现最为真实的农村生活，获得 10 万多粉丝。不仅是个人，许多政府部门也入驻抖音短视频平台，造就一个个网红，来辅助工作。杭州市公安局的说唱警花冯书婷，在抖音短视频展示基层民警遇到的形形色色事件，而她解决问题的方式也赢得了粉丝点赞。

今日头条相关负责人表示，未来会投入至少 5 亿元来帮助农村网红，补贴"三农"创作者。

孙佳山表示，一方面企业与政府要共同肩负起监管责任，对于践踏公序良俗、以审丑为特点的网红加以清理整顿；另一方面，对网红而言，要重视网络文艺创作生产，加强自身导向和质量把控，才能长久赢得未来。"以政策杠杆撬动网红经济，以法治堤岸护佑网红文化，应成为管理者对待网红的基本态度。"

（张一琪）

## ◇ 评论：网红也要传递正能量

网红，在今天是个争议很大的行业，不过既然是"争议"，就要先议、再辩，不要急着一棒打死，或者一捧上天。

对网红持批评态度的，多聚焦于部分网红折射出的扭曲价值观。在 2017 年初，两名网红在网络平台直播撕书，并对网友说"我觉得傻子才读书，我没读书还不是一样开跑车"。无独有偶，前不久，一名 15 岁的花季少女在某网红微博下回复："我 15 岁了，应该做点事了，我也要整容去夜场蹦迪，钓富二代，读书太没意思了。"

此论一出，舆论哗然。网友们纷纷表示，这样的"三观"真是令人脊背发凉。这个年龄的青少年正处于价值观形成的关键时期，而少数网红一边发表轻视读书的反智言论，另一边却又有光鲜亮丽的生活、动辄万金的收入，这种对比反差无疑会对少男少女的思想造成严重冲击。有网友就表示，再这样下去，真的不知道该怎么向自己女儿解释要认真读书的理由了。

诚然，无论是褒是贬，对于网红两极印象的形成，往往来自一些被放大的极端个例。以上两则案例就是典型。但值得欣慰的是，这样的个例在整个行业仍属极少数，而且这样的言论一经披露就遭到网友的自发抵制，进而遭到有关部门的清理整顿，这说明这样的看法至今还没有太大市场。

网红产业之所以能存在，背后是人民群众巨大的精神文化需求。部分低俗网红可以封杀，但这个需求却不能视而不见。如果引导得当，网红甚至还有可能成为满足人民美好生活向往的重要补充。

因此，在分清主流支流、孰是孰非之后，一个公允的办法显然是惩"恶"扬"善"。把以恶俗为卖点、挑战社会价值底线的网红坚决清出市场，同时鼓励网红产业进行有价值、正能量的内容生产。

什么是有价值的内容生产？问问身边的普通人就知道，大部分人日常关注、喜欢的网红都有一个共性：不哗众取宠，靠手艺吃饭。

网红产业人数众多，能脱颖而出者，一定是找准了新媒体时代用户痛点，并有着其他从业者无法比拟、替代的优势"手艺"。

这种"手艺"，可以是对日常生活细节精准的捕捉能力，从而能够制作出有新意、接地气、群众喜闻乐见的网络喜剧作品；也可以是丰富的化妆品使用阅历，当把这些真诚、实在、不做作的个人体验，提炼成轻快流畅的经验攻略，自然受到广大女性用户的热烈欢迎……

总之，真正有价值的内容生产，一定离不开技艺和思想上的自我提升，离不开内容背后下的功夫。反观那些应该被治理整顿的网红，其博出位的手段，本质上是排斥自我提升的：不想下功夫，只想"找捷径"。

常言道：三百六十行，行行出状元。引导网红产业健康发展的核心思路，也正是让其同大多数行业一样，回归到以技能提升、解决消费者痛点为主的竞争轨道中。网红们只有自己先诚实劳动、努力奋斗，才可能向用户传递出热爱生活的正能量。

（韩维正）

# *23.* 个人、企业、国家三者都成赢家

—————— 核心阅读 ——————

社保机构相比起税务机关来说，征收力量比较弱，也就导致征收不严格、不规范，很多企业都少缴社保费用。因为税务部门掌握了更多的企业财务信息等，所以让税务部门来征收就会更规范。

无论是社会保险还是商业保险，都遵循多交多领原则，养老金领取额度也与缴纳额度息息相关，因此不足额缴纳社保成为一个眼前利益和长远利益问题。

要尽快启动社会保险费收入测算工作，准确测算费基、费率和收入底数，根据收入变化，考虑经济运行现状和国家经济政策导向，把握好优化征管和减税降费的关系，统筹考虑做实费基与降低费率，既降低企业负担，又保障员工社保权益，促进经济发展，实现国家、企业和员工共赢局面。

小张就职于一家私营企业，已经是公司的中层干部，月薪也到了3万元，但是他每个月缴纳的社保费用却不到430元。他的研究生同学小周，在浙江做公务员，每个月工资将近1万元，但要缴纳社保近700元。

为何会这样？原来，社保费用缴纳系数全国基本一致，出现偏差

就主要是在缴纳基数上。小张虽然月薪达到 3 万元，但缴纳基数却不是 3 万元。出现这种状况与中国社保费用征收体制有关。在中国，社保费用有的地方由社保机构来征收，有的地方由税务部门来征收。社保机构因为不掌握企业等经营信息，监管力度不够，容易产生企业不给员工上社保或者少缴社保费现象。这就产生了工资高、社保费反而交得少的现象。

2018 年 7 月，中办国办印发《国税地税征管体制改革方案》，明确从 2019 年 1 月 1 日起，将基本养老保险费、基本医疗保险费、失业保险费、工伤保险费、生育保险费等各项社会保险费交由税务部门统一征收。这对职工来说无疑是一个福音，社保费用能够按时足额缴纳，利在长远；但也引发了企业负担增加等担忧。

## 二元体制难保足额征收

社保费用征收的二元体制早在 1999 年的时候就确立。国务院 1999 年出台的《社会保险费征缴暂行条例》规定，社会保险费征收机构由省、自治区、直辖市政府规定，可以由税务机关征收，也可以由劳动保障行政部门按照国务院规定设立的社会保险经办机构征收。

2011 年，中国正式实施《社会保险法》，其中没有明确规定社保费的统一征收机构，只提出"社会保险费实行统一征收，实施步骤和具体办法由国务院规定"。

这就导致有的省份社保费用由税务部门征收，比如广东省；有的则由社保机构征收，比如北京、天津。总体看，社保机构征收社保费是主流。据统计，截至 2017 年底，全国有 24 个省区市税务部门不同程度参与了社保费征收，征收额占全国社保费总收入的 43.3%，不到一半。

由社保机构征收社保费，给一些企业少缴社保费提供了操作空间。曾在多家企业做过人力资源工作的小柏说，少缴社保费是一些企业的常态。他曾经供职的多家企业都存在这样的情况，"能少缴就少缴，少缴的钱都是企业的收入"。

2018 年 8 月发布的《中国企业社保白皮书 2018》证明了这一点。白皮书指出，社保缴费基数不合规企业占 73%，即社保基数完全合规的企业不足三成。总体而言，2018 年受访企业参保在及时性、险种覆盖上遵守程度较好，但在基数合规上，合规企业比例停滞不前，反映出企业社保合规已逐步走过了"不缴社保""迟缴社保"阶段，进入"缴了但基数不足"阶段。

社保费改由税务部门统一征收之后，这个情况将会有所改观。中国人民大学财政金融学院副教授马光荣说："社保机构相比起税务机关来说，征收力量比较弱，也就导致征收不严格、不规范，很多企业都少缴社保费用。因为税务部门掌握了更多的企业财务信息等，所以让税务部门来征收就会更规范。"

除了能够保证社保费征收严格之外，征收效率也会提升。"实行税务部门征收社保费，可以充分利用税务部门征税网点多、征管信息资源等征管能力优势和丰富的征管经验，纳税人在办理个税事务的同时缴纳社保费。"中山大学岭南学院经济系副教授龙朝晖说，这样能实施税费协同管理，具有效率更高、成本更低、执法更规范的专业优势，使社保收入得到保障。

广东省 2000 年开始由税务部门征收社保费用，效果十分明显。全省实际缴纳"五险"人数由 1999 年的 500 万人增至 2017 年的 2147 万人（不含深圳）。目前，广东已经成为全国社保体系中参保覆盖面最广的省份。而广东这种征收方式也节约了行政成本，提升了社保费征缴效能。

## 平时多缴纳未来有保障

社保费用不是政府的财政收入，是取之于民，用之于民。比如，养老保险是要在个人退休后为个人支付退休金的，医疗保险则是能够减轻个人平时的医疗负担。社保与每个人生活息息相关。平时能够按时足额地缴纳社会保险，将来就能够得到更多保障，也让未来生活变得更加稳定。

然而，正如前文所述，小张所代表的企业少缴社保费用现象，在一些企业十分普遍。

据小柏介绍，企业在与员工签订合同时，一般都已告知员工其社保费用缴纳情况，而为了当下工资数额，很多人并不在意个人社保费用不足额缴纳的问题。更令人奇怪的是，很多企业甚至将社保费用的提升作为奖励或者留住人才的手段。除此之外，许多企业甚至存在只为部分员工缴纳社保费的情况。

社保费征收上的区域差别也会产生不利影响，"过去，我国社会保险费实行二元征收体制，由社会保险经办机构或税务机构征缴，各省情况不一，各地社保费缴纳和负担千差万别，不利于社保统一管理和员工社保权益，也不利于全国统一市场的形成和劳动力流动。"龙朝晖说，无论是社会保险还是商业保险，都遵循多交多领原则，养老金领取额度也与缴纳额度息息相关，因此不足额缴纳社保成为一个眼前利益和长远利益问题。

马光荣认为，如果这种情况得不到清理，就不利于中国全民参保的目标实现。"由税务部门统一严格征收社保费的话，之前少缴纳的那些企业和个人都会多交，短时间内可能造成个人收入下降，但是长期来看，对个人是有利的，因为缴纳的这部分钱依然是个人的，在养老、医疗上会有更多益处。"

中国社科院社会学所研究员唐钧认为，比起社保部门，税务部门得到的法律支持更加有力。如果该收的社会保险费都能如数收齐的话，社保基金资金筹措将更有保障，对参保人是有利的。

不过，并不是所有的企业都存在这种问题。像央企、国企以及一些上市公司等都严格执行了社保缴纳规定。小柏现在供职的公司，是一家在新三板上市的公司，在员工福利待遇上就做得很完善。

从更大范围看，社保费用征收涉及公平问题。全国社保基金理事会理事长楼继伟在中国发展高层论坛 2018 专题研讨会上指出，原先的社保管理体制、社保费征管方式存在不公平、不可持续之处，合规交费的企业反而吃亏。改由税务部门征收后，公平性和可持续性都会提高。

## 减少企业负担刻不容缓

税务部门统一征收社保费用有利于保障普通个人权益，也引发了企业尤其是民营企业、中小企业的严重担忧。

马光荣算了一笔账：如果现有参保职工的养老保险严格按照实际工资作为缴费基数，同时法定缴费率严格按照 28% 执行的话，整个企业部门社保缴费负担将上升 50% 左右，企业用工成本会上升 7.5%，企业利润会下降 8.2%。"这样的话，有些企业可能会倒闭或者外迁。"马光荣不无担忧地说。

据他测算，就是按照国家现有要求对企业降税，而社保费用严格征收，这两个部分其实也会相互冲抵。此外，如果严格征收社保费用，全国一年会增加 2 万亿元左右的社保收入，而企业要负担 1.5 万亿元。两相权衡，企业减负显得刻不容缓。

为此，国务院于 2018 年 9 月召开的两次常务会议都对企业减负做了明确要求。

2018 年 9 月 6 日，国务院常务会议要求，在社保征收机构改革到位前，各地要一律保持现有征收政策不变，同时抓紧研究适当降低社保费率，确保总体上不增加企业负担，以激发市场活力，引导社会预期向好。

2018 年 9 月 18 日，国务院常务会议再次强调，要按照国务院明确的"总体上不增加企业负担"的已定部署，在机构改革中确保社保费现有征收政策稳定，有关部门要加强督查，严禁自行对企业历史欠费进行集中清缴。此外，会议还要求要抓紧研究提出降低社保费率方案，与征收体制改革同步实施。

马光荣认为，国务院常务会议为政策执行提供一个过渡期是很好的措施，有利于稳定。从长远来看，他认为还是应该降低社保费率，"要形成法定费率降，严征管，宽税基的一种格局，实现全民参保、公平参保"。

龙朝晖认为，要通过征管能力和征管效率提升，为整体降低费率争取更大空间，促进降低社保费法定费率。据他介绍，广东在 2000 年实行税务统一征收社保后，社保基金一直在稳步增长，而社保费率却一直在降低，实现了双赢。

他建议，在社保费征管水平提高基础上，要尽快启动社会保险费收入测算工作，准确测算费基、费率和收入底数，根据收入变化，考虑经济运行现状和国家经济政策导向，把握好优化征管和减税降费的关系，统筹考虑做实费基与降低费率，既降低企业负担，又保障员工社保权益，促进经济发展，实现国家、企业和员工共赢局面。

（张一琪）

## ◇ 评论：让新政策红利普惠于民

中共中央办公厅、国务院办公厅 2018 年 7 月印发的《国税地税征管体制改革方案》规定，从 2019 年 1 月 1 日起，将基本养老保险费、基本医疗保险费、失业保险费、工伤保险费、生育保险费等各项社会保险费交由税务部门统一征收。这一政策甫一出台，便引起社会高度关注与广泛讨论。新政策的预期是使社保征收效率更高、成本更低、执法更规范，为未来社保降费打下基础，但一些企业和参保人员都因种种原因，对其表示了担忧。

应该明确，为确保新政策获得认可，征收工作应有序衔接，改革工作需循序渐进。

社保关系到养老、医疗、生育等老百姓最关心的民生问题，关系到每一个人的切身利益，同时也与企业用工成本密切相关。政策出台后，网络上出现了一些质疑、担忧的声音，及时答疑解惑不仅是政府提供公共服务的应有之义，也是治理能力现代化的体现。

新政策的推行，应做好政策宣传和舆论引导，及时回应企业和群众关切。改革措施的顺利推行离不开社会的理解和支持，只有充分全面做好政策解读和宣传，让企业和群众准确、及时地了解到新政策会给自己带来哪些变化，发挥舆论宣传增信释疑的作用，才能更好地凝聚改革共识。

新政策的推行，要确保企业和个人负担合理增加，逐步增加。改革措施推行的目的是让人民共同分享改革红利，提升人民群众获得感。在考虑"最大多数人的最大利益"的同时，也应考虑少数企业和群众的实际困难。社保费由税务部门征收后，过去未规范缴纳社保的个人和企业的负担可能会有明显上升。为此，2018 年 9 月 6 日召开的国务院常务会议强调，在社保征收机构改革到位前，各地要一律保持现有征收政策不变，同时抓紧研究适当降低社保费率，确保总体上不增加企业负担。如何避免"一刀切"，实现新旧政策之间的平稳过渡，需要相关细则的进一步跟进。

新政策的推行，要不忘造福人民的初心，最终实现减轻企业和个人负担的目的。近年来，国家在减税降费方面加大改革力度，2015年以来，先后4次降低社保费率。与每一个人息息相关的个税改革从10月1日起执行5000元的费用减除标准。这次社保征收改革的长远目标是在规范征收基础上，提高社保缴费公平性和可持续性，为下一步适当降低社保费率创造条件。税务部门更加了解企业的真实情况，规范征收后，有利于进一步做实社保缴纳基数，随着社保费源的增加，社保费率将具有更大的下调空间。

中共十九大报告在提到社保工作时指出，要坚持把人民群众的小事当作自己的大事，从人民群众关心的事情做起，从让人民群众满意的事情做起，带领人民不断创造美好生活。社保费征收新政策的推行要真正实现改革初衷，不以增加社保费为目的，就必须坚持权责清晰、保障适度的原则，帮老百姓管理好、使用好"养命钱"。因为说到底，社保费不同于税收，它直接关系到亿万人民的基本生活。只有管好、用好这笔钱，才能实现个人、企业、国家的共赢。

（张鹏禹）

# 24. 放学去哪儿，这真是个问题

**核心阅读**

越贫穷的地区，学科性培训比例越高；越发达的地区，满足特长、个性的培训越普遍。

学校教育应该是学生学习的核心部分，但有的家长和学生心态出现变化，认为不用在学校下功夫，可以到辅导班再补。其实，如果充分利用好在学校的时间、老师、教材等资源，就没有必要上课外辅导班。

校外培训壮大是当前教育体系存在的问题的一个影子。当教育体系能把正常的教育功能包纳其中，就没有必要产生很多培训机构。这个体系问题越多，校外培训机构的体量就越大。

每个工作日上午 11 时、下午 4 时，打着"阳光午托园"的牌子，戴着工作证，54 岁的中国西南某市小学退休教师陈阿姨都会准时来到一所小学门口，等待即将放学的学生。和她一样打着各种培训机构牌子的人也同时赶到。为了让学生能尽快找到自己，陈阿姨踮起脚，把牌子举得高高的。放学了，学生们从校门鱼贯而出。他们中的大部分分散到各个牌子下，排成队，前往附近的居民楼里。

就这样，放学的学生从学校门口被带往校外培训机构教室，做作业、上课，然后再回到学校，或等待下班的父母。很多人似乎忘记了，孩子们也需要休息。

近年来，中国政府加大力度整治校外培训机构。不过，各种午托园、培训班依然火爆。为此，国务院办公厅2018年8月印发《关于规范校外培训机构发展的意见》，就当前校外培训发展中面临的难点、痛点问题作出明确规定。那么，课外培训为何能够吸引家长和学生？相关监管难在哪儿？

## 培训机构，任性而低调

【案例一】

陈阿姨的工作时间，是学生中午和下午放学后的3小时，主要负责学生的课业辅导、二年级数学课。每月工资为2200元；如果这个月有学生流失，陈阿姨就要被扣200元。她的领导是一个"90后"。领导要求，在"不出事"的前提下，让家长感到孩子有进步。陈阿姨说："教什么我自己定。常用的方法是让学生多做作业，这样最安全；有时间再教点新知识，家长们就更满意了。"那么，学生们怎么休息？"不能休息，一放松学生们就打闹了。"

陈阿姨工作的午托园就在自己居住的小区里。由于离小学近，5层高的居民楼，一、二层基本被午托园、学前班、补课机构占据。她所在的午托园有80平方米，4个房间里摆满了课桌，目前有100多个孩子，每人每月交费400元。午托园门口的广告牌上写着："由工作30多年退休教师和大专院校老师亲自管理。"陈阿姨称，其实除了她，同事都是刚毕业的大学生，并没有教师资格证或相关学科的培训经历。

【案例二】

每到周六上午，石先生都会带着上5年级的女儿到一家英语培训机构上课。这家机构位于北京市西城区某小学旁的一座大楼里，开设的课程名为"剑桥少儿英语学习系统"，分一、二、三级。石先生的女儿正在学习一级课程。课程主要时间被用于孩子们的英语口语对话，讨论"国庆假期过得如何""什么是讨厌的事"等话题，然后听写单词、教授简单的从句。

据该机构工作人员介绍，由于使用的是剑桥大学考试委员会设计的教材，学生可以考级。授课教师都有留学经历。学费根据上课时间长短和教师而定，每学期 8000 元到 10000 多元不等。

这家机构隔壁是另一家大型连锁培训机构。接待室墙上挂着老师的照片和简历，名校毕业、中高级职称、多年教师从业经历是用得最多的词。一旁贴着"不得拍照""不得录像""不得录音"等标志。记者以家长身份进行咨询，工作人员首先问"孩子带来没有"，记者表示"没有"，工作人员随即表示，"先让孩子试听一节课"，并对费用、教师等问题不愿多谈。不过，这家机构的宣传册清楚地标明了从小学到初中语数外等科目的上课时间、任课教师、学费。收费最高的"E 概念英语"分 6 阶，每阶 4500 元 /15 次，每次课时 3 小时。

在该楼其他培训机构，工作人员对陌生家长的询问表现得更为谨慎和低调。在一家机构，当发现记者在向其他家长打听教学质量好坏时，一名工作人员立即以记者不是学生家长为由，要求记者离开。

这是中国西部和东部地区很寻常的两个个案。而无论是东部还是西部，一个共同现象是，随着课外培训机构逐渐增多，中小学生正在成为课外培训的主要对象。

相关统计显示，2014 年，中国参加课外辅导的学生占在校学生总数的 36.7%。北京市教育科学院 2016 年发布的数据显示，北京六成左右的中小学生参加教育补习，处在升学阶段的学生参加语文、数学、英语补习的占多数。据陈阿姨估计，她所在城市里至少 80% 的小学生报了午托园，有的周末还要上辅导班。

参加课外辅导的学生越来越多，让培训机构、托管成为一门赚钱的生意和新的创业门路。中国教育学会发布的调查报告显示，2016年，中国中小学辅导机构市场规模超过 8000 亿元。

"从当前情况看，学校教育和校外教育组成了中国学生完整的受教育过程。"北京师范大学中国教育与社会发展研究院教授薛二勇表示，当前校外培训已囊括基础教育的大部分环节，甚至延伸到学前教育。培训内容也变得多样化，一半左右比例为语文、数学、英语等基础学科，另一半为舞蹈、体育等兴趣、特长培训。此外，越贫穷的地区，学科性培训比例越高；越发达的地区，满足特长、个性的培训越普遍。

## 家长老师，在矛盾中选择

【案例三】

石先生给女儿报了英语和数学两个辅导班，一学期需花费 2 万元。石先生表示，这笔支出并不小，但作为家长，他更关注孩子未来的中考、高考等升学问题，需要现在就打好基础。

对于培训机构的选择，石先生更看重实际的教学效果。此外，他还希望孩子能通过上辅导班，培养自我管理能力，安排好自己时间。为此，当学校组织兴趣班时，他也积极鼓励孩子报名。所以，平时放学后，他的女儿还会上书法课、创意笔绘画、小主持人培训等兴趣班。

对于补课是否会增加孩子的负担，石先生表示，孩子课业负担不算重，目前孩子没有抵触情绪，"当然我会尊重孩子意见，她只有感兴趣，才会静下心来学习"。

石先生的想法，代表了中国多数家长的心声。现在的家长，特别是当"80后"成为家长后，在注重孩子的个人能力（特别是在城市）的同时，也对给孩子报课外辅导班、提升分数持赞同态度。由于很多父母自身就有上课外培训课程的经历，他们对这两种培养方式都不排斥。不过，当对这两种培养方式理解得不清楚、不全面时，很多父母便会通过增加报班数量的方式，来调和素质教育和应试教育的关系。

对于学校教育的主要承担者——老师来说，他们对课外培训的理解同样充满矛盾。例如，有的教师认为，一些培训机构一个假期就把一整个学期的教材都讲完了。这种在短时间内蜻蜓点水式地把知识灌输给学生的做法很有问题，让一些学生不仅没真正弄懂吃透，还导致他们在课堂上不专注听讲，干扰了正常的教学秩序。

但也有老师对此并不认同。"现在家长都比较重视孩子的教育，给孩子报辅导班很正常，学生还能多学一些。"北京大学附属中学（朝阳未来学校）高二年级英语教师李若辰表示，学生报辅导班是否有意义，关键在于目标是否明确。有的孩子报辅导班是为了补充某些知识，或提升自身能力，孩子虽然累，但也很有收获；而有的孩子虽然报了很多辅导班，但上课时都在偷懒。

李若辰认为，当前一些家长和学生的心态也存在倒置问题。"学校教育应该是学生学习的核心部分，但有的家长和学生心态出现变化，认为不用在学校下功夫，可以到辅导班再补。其实，如果充分利用好在学校的时间、老师、教材等资源，就没有必要上课外辅导班。"

## 解决问题，从深化供给侧改革开始

从2018年上半年开始，教育部要求各地集中开展校外培训机构专项治理行动。截至 2018 年 8 月 20 日，全国已摸排培训机构 38.2 万家，其中发现问题 25.9 万家，已经整改 4.5 万家。

2018 年 8 月 22 日，国务院办公厅发布《关于规范校外培训机构发展的意见》，构建了规范校外培训机构发展的总体制度框架。近日，教育部办公厅印发《关于切实做好校外培训机构专项治理整改工作的通知》，要求各地务求 2018 年底全面完成整改。

随着校外培训机构迅速扩张，相关问题和风险加剧也是事实。据不完全统计，民办教育培训机构中，证照齐全的比例不足 20%。很多机构存在着教学质量没有保障、定价随意而混乱，聘用教师无资质、教师专业水平参差不齐等问题。为整治校外培训野蛮生长现状，各地都在积极行动，边摸排边整治，奇招不少：微信举报、鼓励民众监督、建立管理平台、黑白名单制度……

不过，在拥有大量资本注入、更有数以万计"起跑线恐慌"的家长支持的情况下，如何让整改后的校外培训机构坚守红线？

从治标看，能否实现应管尽管很重要。目前，校外培训机构的办学许可证和营业执照，由教育、民政、工商部门多头发放，谁是校外培训机构的监管主体并不清晰，容易导致监管缺位。因此，需要在做好部门协同的同时，广泛发动群众、社会力量参与治理。

老师、家长在引导孩子方面也要发挥重要作用。李若辰建议，当前给学生减负的核心是教会学生思考自己人生和未来的方向。这需要老师、家长更多地与孩子沟通，让孩子知道怎么学，"这比上多少课外辅导班、加大作业量、不停地考试都更有效果"。

从根本上说，由于当前社会对教育的需求无限大，教育供给又没做好，才造成供需矛盾突出。

薛二勇认为，教育供给缺乏的原因是多方面的。首先，是现实原因，父母需要工作，学校课堂时间严格控制，学生们放学后只能到校外培训机构。其次，当前教育系统内部没有提供足够多的、满足孩子多样化教育需求的供给。再次，一些家长对孩子的成绩存在压力和焦虑，这种焦虑存在的根本原因在于唯分数、唯升学的教育评价陈疾。最后，一些培训机构本身在开展针对性教学、提高孩子成绩方面有创新、有效果，在某种程度上也刺激了家长把孩子送到培训机构的需求。

"校外培训壮大是当前教育体系存在的问题的一个影子。"中国教育科学研究院研究员储朝晖表示，当教育体系能把正常的教育功能包纳其中，就没有必要产生很多培训机构。这个体系问题越多，校外培训机构的体量就越大。

他认为，现在教育体系在管理和评价方面存在一些问题，考试分数功能被异化，学校发展不均衡，分数成为进入好学校的主要标准。这些都导致大部分学生为了提升分数而选择报课外班。

"完善校外培训机构监管，要从深化教育供给侧改革开始。"首都师范大学副校长杨志成表示，一个和谐的、严格的教育体系应该是以学校教育为主、校外教育为辅的相辅相成关系。这需要二者共同努力，完善培养学生综合能力发展的评价体系，同时引领好教育文化和社会风气。

（彭训文）

## ◇ 评论：变"堵"为"疏"才是正道

习近平总书记在全国教育大会上提出，办好教育事业，家庭、学校、政府、社会都有责任。

道理的确如此。对学生来说，其接受教育的基本途径有三：一是学校教育，二是校外培训，三是家庭教育，三者相互补充、相互支撑，构成完整的教育链条。

当前，中国教育领域的主要矛盾已经转化为社会对更加公平更有质量的教育需求与教育发展不平衡不充分之间的矛盾。如何满足新时代人们多样化、个性化的教育需求，单靠学校教育显然是完不成的，需要规范、科学的校外培训作为补充。

对校外培训的治理，关键是创新思路、完善体制机制，变"堵"为"疏"，充分利用其积极的一面，发挥其积极作用，形成满足不同教育需求格局，实现学校教育和校外培训的协同发展，合力培养德智体美劳全面发展的社会主义建设者和接班人。

中共十八大以来，人民群众在教育方面的获得感明显增强。然而，人们对校外培训也产生了较大的意见、看法，亟须对校外培训进行有序、有效的治理。

目前，中国校外培训呈现出 3 个特征：第一，校外培训机构"大而散"。有关调查显示，全国校外培训机构数量在 100 万家以上，95% 以上的市场份额被数量众多的中小型机构占据，"碎片化"特征明显，增加了有效治理的难度。第二，校外培训发展"快而无序"。中小学校外培训市场规模超过 8000 亿元，参加学生规模超过 1.37 亿人次，校外培训机构教师规模大约为 700 万—850 万人，家庭在校外培训上的消费额以 15% 以上的增长率增长，增加了家庭的经济负担和学生的课业负担，影响了学生身心健康发展。第三，校外培训行业规范性不足，存在发展隐患。校外培训市场存在"机构非法办学、虚假宣传、收费混乱、卷款跑路""从业人员素养不高"等乱象，校外培训机构"证照齐全"的比例较低（不足 20%），其培训资质、办学质量、安全保障等方面缺乏必要而有效的监管。

为了促进校外培训的健康发展，必须着眼长远、针对问题，构建有效、科学的治理体系。

第一，制定校外培训的专门行政法规，明确校外培训的性质、地位、管理体制机制、权利义务关系、处罚标准等，形成部门协同、层级治理的体系，构筑校外培训治理的"顶层设计"。

第二，制定明晰的校外培训机构设置与运营管理标准。鉴于未成年人作为校外培训实际的消费主体，其消费试错成本过高；更由于随着教育改革的深入，艺术、体育乃至劳动素养等内容也逐渐被纳入中高考招生指标，单纯以升学科目为标准对培训机构进行分类，以确定其是否需要教育部门行政许可，是脱离实际的。为此，应清晰规定校外培训机构的设立标准，明确前置审批的具体类别，制定师资、场地等方面的具体办学标准。

第三，制定校外培训机构的培训标准，根据标准组织专业力量对培训机构的教育教学质量进行评价，结果向社会公布；积极发挥行业组织等第三方专业组织的力量，在行业管理中发挥关键作用，形成自我规范发展的体制机制。

第四，发挥社会力量，建立校外培训发展的激励与处罚机制，通过政策引导、政府购买服务等方式，扶持正规校外培训机构的发展，树立模范典型，鼓励利益相关者行使监督举报权，加大对破坏校外培训行业整体环境、影响校外培训行业良性发展的非正规机构的处罚力度，逐步提高正规机构和正规教师在行业内的号召力和影响力，形成校外培训机构规范化、教师正规化的发展氛围。

（作者薛二勇为北京师范大学中国教育与社会发展研究院教授、

博士生导师，教育部长江学者青年学者）

# 25. 孩子快乐才是硬道理

———— **核心阅读** ————

各地要创造条件、加大投入、完善政策，强化中小学校在课后服务中的主渠道作用，并积极利用校外资源，努力开辟多种适宜的途径，帮助学生培养兴趣、发展特长、开阔视野、增强实践能力。

教育评价改革首先要明确评价内容，改变智育第一观念，做到坚持德、智、体、美、劳并重，考查学生综合素质和能力素养。同时，要从根本上扭转各地方政府的教育政绩观、学校的绩效观、家长对孩子的成才观，多关注对孩子身心发展有长远影响但很难评价的内容。

孩子快乐才是硬道理。过去我们过度强调人要满足宏观标准，但忽视了人的健全发展。从孩子长期发展看，培养和保持他们对学习的兴趣、教会他们学习的方法、培养他们的学习能力显得更为重要，这也是他们可持续发展的基础。

贵州省贵阳市十八中学初一年级学生曹雅茗最近很开心，因为她能在放学后那段时间里和同学们一起玩耍。由于家离学校远，以前中午放学后，她不知道去哪里；下午放学后，只能独自坐公交车回家。现在她不用为此烦心了。中午放学吃完饭，她会趴在桌上休息半小时，然后在老师辅导下做作业。下午放学后，她和同学一起参加阅读分享会，练习书法、画画，等待父母下班后接她回家。

2018 年 5 月 1 日起，这项名为"乐童计划"的学生课后免费托管服务在贵阳市中小学试行。截至目前，贵阳市中小学生参与托管率达 90.06%。家长满意，学生也乐在其中——如今，中国各地像贵阳市这样的实践越来越多了。

习近平总书记在 2018 年 9 月召开的全国教育大会上指出，培养什么人，是教育的首要问题。当教育体制改革进入深水区，当中小学学生的课业负担逐步减轻，如何防止课后辅导班、培训班乘虚而入，成为孩子们的新负担？如何让孩子们真正减负？

## 课后服务，学校唱好主角

【案例】

在贵阳，现在很多接送孩子的长辈感到轻松不少，因为"乐童计划"的逐渐实施，他们每天接送孩子的次数由 4 次减少为两次，且省下了一笔托管费。

据贵阳市教育局相关负责人向记者介绍，贵阳市政府按每个学生每年 300 元的标准，对所有公办和普惠性非寄宿制民办义务教育阶段学校进行补贴，教师轮流组织学生开展做作业、读书、健身等活动，有些学校还开展了书法、绘画、机器人制作等活动。

当然，这项工作最初也遇到了一些问题，比如教师负担加重、学校管理成本增加、对家长和学生吸引力不够等。对此，当地通过整合托管班级数量、开设午餐、试点引入第三方机构等办法加以改进。

该负责人表示，下一步，"乐童计划"将与贵阳市规范校外培训机构工作相结合，充分整合校内外资源，让学生在学校"乐"起来。

放学后的这段课外时间学生怎么度过，曾是困扰家长和学校的一大难题。近年来，由学校老师或校外培训机构把学生们组织起来，辅导作业、开设兴趣培训班，正在成为一种流行做法。

例如，北京市 3 年前就开始按城区学生每年 700 元、郊区学生每年 900 元划拨经费，聘请社会人员参与课外活动计划，参与的学校教师还能拿绩效奖励。山东也通过政府购买服务、财政补贴、家长委员会委托等方式，对参与课后服务的学校、单位和教师给予补助。河北石家庄市则尝试以志愿者方式试点推进城区小学课后托管服务。

总体来看，这些做法效果不错，受到了家长、学生的欢迎，也在一定程度缓解了校外培训机构的治理难度。

不过也有一些老问题仍然存在。比如，对需要提升分数的学生来说，他们的父母对以"不能上课"为原则和底线的课后服务兴趣不高；对教师来说，即便有工资和绩效激励，但当多数老师每周工作时间已达 55 个小时，每天再延长 2 个小时，负担和压力可想而知。

"对于课后服务出现的问题，需要尽快调整完善。"中国教育科学研究院研究员储朝晖说，下一步各地要创造条件、加大投入、完善政策，强化中小学校在课后服务中的主渠道作用，并积极利用校外资源，努力开辟多种适宜的途径，帮助学生培养兴趣、发展特长、开阔视野、增强实践能力。

北京师范大学中国教育与社会发展研究院教授薛二勇也认为，应尽快确定相关补贴经费的市场可比度，"一个老师在课堂看护孩子，一个小时要多少钱，市场上是多少钱，应该大致相当，如果差得太多，可持续性就会有问题"。同时，政府可以把视野扩大，多购买一些做得好的校外培训机构的服务，让他们参与到课后服务中来，这也有利于对他们进行更有效的管理。

# 校外培训，做好提升教育

**【案例】**

今年的雪季要到了，每到周末，张臣都会到学生们进行滑雪训练的基地去看看。作为一家名叫爱玩客（Everkid）的儿童户外教育机构创始人，他喜欢给孩子们指点一番。

8年前，张臣成立这个机构时，中国的户外教育才刚刚起步。他将冬季滑雪、夏季水上项目，如帆船、独木舟、露营、徒步、户外安全教育等项目作为培训重点，学生们平时正常上学，每到周末安排一到两天训练，寒暑假则集中训练。

张臣这些年培训了几千个孩子。他说，经过培训，孩子们的意志和素质大为增强，个人判断、应对风险能力也提高了。

"我们的目标是让孩子掌握基本的户外运动技能和户外生活能力，能够独立地处理人与自然的关系。"张臣表示，他的原则是以户外教育的大众普及和培训为本，而不是纯粹的技能培训。

校外培训怎样才能做得好、做出特色，这是很多培训机构一直思考的问题。不过，能够将培训机构真正看作学校教育的一个补充，甚至希望和学校教育融合发展的尝试并不多。

张臣的机构在这方面迈出了一大步。随着"冰雪进校园"活动深入开展，他的培训机构近年来有了更多与中小学合作的机会，还和北京市一些区县的竞技体育组织打造合作培养模式。在他看来，中西方教育体制的一个显著区别就在于户外教育。"当前的中国学校教育正在发生改变，比如户外教育、社会教育被引入课堂，但时间还不够。"他举例说，在瑞士，中小学生每月有3天户外活动课。这些课包括攀岩、徒步、露营、滑雪等，都是必修课，而且整天都在户外。

"学校需要给予学生更多课外培训的时间，并做好普及教育。"张臣认为，正常来说，户外教育机构应该做一些中高级的提升培训，并通过提高研发能力，为专业培训做好服务。"但我们现在只能做大众普及的事，因为学校教育的基础还不完善。"

学校教育负责打基础，校外培训负责做提升，二者相互补充、相互配合，这是众多受访专家、培训机构负责人的共识。从校外培训发展历程看，20世纪80年代其兴起时，正是以开展提升培训为主的。为何如今反而退而求其次呢？很多培训机构负责人坦言，在实际运作中，无论是提分数的知识讲授还是根据学生兴趣而开展的能力培养，如果只做单纯的提升培训，不做知识普及等基础工作的话，就没有生存空间了。

掣肘有很多，唯分数、唯升学率等教育评价的指挥棒问题就是其中一个。"教育评价指挥棒不改变，校外培训机构的问题就难解决。"薛二勇认为，教育评价改革首先要明确评价内容，改变智育第一观念，做到坚持德、智、体、美、劳并重，考查学生综合素质和能力素养。同时，要从根本上扭转各地方政府的教育政绩观、学校的绩效观、家长对孩子的成才观，多关注对孩子身心发展有长远影响但很难评价的内容。

教育评价最大的指挥棒是高考，其改革方向具有风向标作用。储朝晖认为，高考改革接下来应真正实现招考分离，让高校有招生自主权，让招考团队发挥作用，招到想招的学生，这既能适应人才培养多样化的标准，学生的机会也会更多。

"高考招生要求多样化了，学生培养就不会只看分数，培训机构才能在培养方向上发生根本转变，当然也就不会办得这么庞大了。"储朝晖说。

## 教育本质，培养什么人

培训班的理想模样是什么？新浪网教育频道 2017 年做的一份全国中小学生课外培训调查结果显示，学生方面，74%选择了"课程内容丰富、有趣"，49%选择"快速提升成绩"，46%选择"课堂氛围好"。老师方面，75%选择"课程质量高、有效果"，49%选择"内容有针对性"，47%选择"师资水平高"。可见，一个理想的培训班，课程内容和教师讲课方式都很重要。

需要警惕的是，当成绩和分数之间画了等号，当教育与知识之间画了等号，当工具论成为价值坐标，我们是否已经遗忘了教育本身的功能。因此，讨论校外培训机构的治理问题，从更大意义看，还涉及教育本质的问题，也就是习近平总书记在全国教育大会上所说的"培养什么人"的问题。

教育要培养什么人？教育怎样培养人？ 2000 多年前，古希腊哲学家柏拉图曾指出："教育的基本原理在于，使人们在孩提时代就建立起良好的思维体系。教育无须强迫，也不能强迫，更无法强迫。任何填鸭式的教育方式只会让人们头脑空空、一无所获。"时至今日，这话仍具有一定的现实意义。

"孩子快乐才是硬道理。过去我们过度强调人要满足宏观标准，但忽视了人的健全发展。"储朝晖表示，从孩子长期发展看，培养和保持他们对学习的兴趣、教会他们学习的方法、培养他们的学习能力显得更为重要，这也是他们可持续发展的基础。

"中国教育体制改革正朝着实现人的全面、可持续发展的目标努力。"首都师范大学副校长杨志成表示，新高考总体方向是使孩子的基础更扎实、全面、综合，在面对高等教育时有更多的机会和方向。课程核心是培养学生的学科素养，超越单一的分数评价，更关注学生学完课程后带来的价值观、必备品格和关键能力的变化。可以预计，高考将来的命题会更关注学生未来的发展。因此，学校和校外培训机构都要转变思路，更多从孩子可持续发展、全面发展、能力和素养提升方向着眼。

薛二勇认为，因为社会总有一些多样化、个性化的需求是学校不能满足的，因此校外培训无法取消。当下的关键在于，无论是学校教育还是校外培训，相关参与者都要有力协同，投身于高考改革、教育体制改革进程中，尽快转变观念，拿出切实行动，勇敢做出改变，共同构筑一个能够真正促进国民素质提升的、完善的教育培训体系。

（彭训文）

## ◇ 评论：书包里也该有快乐

从小到大，听到家长说得最多的一句话是，你看看别人家的孩子如何如何。别人家的孩子成为看齐和竞争的对象。别人家的孩子是谁并不确定，但我们为了和他竞争却要付出很多努力。

为了赶上别人家的孩子，从小到大我们会参加很多补习班、兴趣班。上学之前，要学钢琴、画画、唱歌，这是兴趣班。上学之后，还要参加补习班，学英语、数学等。原先只是寒暑假，后来周末加了进来，到现在甚至每天放学后都要参加。为此，社会上培训机构林立，培训内容五花八门。可以说，想要什么辅导，都有相应的辅导机构。上大学时，宿舍楼下曾有教室，一些培训机构在那里培训儿童少年，除了周末，每天放学后，总有一些家长带着孩子来上课，孩子在前面上课，家长在后面坐着，一年四季，风雨无阻。

这些辅导班真的有效吗？这个问题见仁见智，但是将孩子和家长搞得特别累却是大家共同的看法。本该享受快乐童年的孩子们，每天背着重重的书包去上学，去补习。这不应该是教育的本意。书包里承载知识，也应承载快乐。

强加的并不是想要的，这是家长想法和孩子想法之间的差异。每一位家长都爱孩子，他们的出发点都是好的。但在补习班这件事上，却常常走错了路。很多家长为孩子选择补习班都是按照自己意愿选的，或者是跟着别人在选，却忽略了孩子本身。每当孩子有一些反抗时，家长总会用"为你的未来着想""你现在埋怨我，将来会感谢我"等理由劝说，坚持让孩子上补习班。孩子虽然人去了，但是心不在那里，效果可想而知。

因此，应该让孩子自己决定要不要上补习班、兴趣班，让孩子自己选择上什么补习班、兴趣班，孩子自己高兴了，才会有动力去学习。家长需要做的是合理引导，帮助孩子做出正确、恰当的选择。要让孩子做课外班的主人，尽可能激发他们的学习热情，这样的话，参加补习班才会更有效果。

这样做还有一个好处，就是培养孩子的独立性。有家长会说，孩子什么都不懂，怎么选择？其实，孩子独立性是从小培养的，进入社会之后再培养，会让孩子吃大亏。独立性就是要让孩子学会对自己负责。当他自己选择了补习班、兴趣班之后，就应该让他明白，这是自己的选择，应该负责到底。甚至还可以和孩子签订一些协议，当孩子犯懒时，用这些协议来激励，让他们坚持下去。

补习班、兴趣班不是不能上，而是要坚持有所为有所不为。知识和快乐二者可以兼得，不应该偏废。对孩子多一点信任，让他们多一点自主，不是坏事。家长应该担负起教育、教导责任，多和孩子交流，多帮助他们自己做选择，而不是包办。

（张一琪）

# 后　记

2018 年是中国改革开放 40 周年。40 多年来，中国差不多走过了西方发达国家三四百年的历史进程，经济总量已居世界第二，久经磨难的中华民族迎来了从站起来、富起来到强起来的伟大飞跃。中国特色社会主义进入了新时代，这是中国发展新的历史方位。

随着中国特色社会主义进入新时代，中国社会主要矛盾已经转化为人民日益增长的美好生活需要和不平衡不充分的发展之间的矛盾。这个历史性变化，意味着公众将不仅会对物质文化生活提出更高要求，而且在民主、法治、公平、正义、安全、环境等方面的要求日益增长。

中国社会正在经历这个新阶段，必将在诸多领域产生更多新的社会热点。面对潮起潮落的社会热点现象、事件，以何种立场、何种态度来审视、解读之，在很大程度上决定了我们是否真正读懂了当下的中国社会。

孔子说："众恶之，必察焉；众好之，必察焉。"人民日报海外版总编室 3 年前创立《社会经纬》栏目，旨在关注中国社会变迁中出现的各种热点、冰点、现象和问题，探讨出现这些变化背后的价值文化内涵和深层原因，使受众尤其是海外读者对那些经历过而未必清楚、熟知而并非真知的现象和事件有一个比较全面的了解和判断。这是我们的初心。

　　《让人们敢生愿生"二孩"》《社会需要啥样的性别气质》《中国人假日越来越多了》《中国"老漂族"生存现状》《人才、人口为何一夜间成"香饽饽"》……这些解读立足于人民日报工作者所特有的"定海神针"风格，不热衷于炒作，而是着眼新时代的发展大势和中国发展所处的新的历史方位，通过专家采访、社会调查等综合解读方式，全面、客观、准确地分析、读懂这些社会现象之于新时代中国的重要意义。

　　本书收录了人民日报海外版总编室《社会经纬》栏目2017年、2018年的解读报道25篇，配以评论、他山之石、链接、专家点评等。

　　人民日报海外版编委会诸多领导、人民日报海外版总编室主任刘晓林精心指导本书编写，总编室编辑彭训文、张一琪组织策划，总编室副主任李林，融合协调处处长张远晴，总编室编辑王萌、韩维正、张鹏禹，科教部编辑刘峣，华侨华人部编辑贾平凡，记者部记者叶子等参与稿件撰写。中国社会科学院人口与劳动经济研究所研究员林宝、哈尔滨工业大学深圳研究生院讲师张力智、国家行政学院法学部讲师武晓雯、北京师范大学中国教育与社会发展研究院教授薛二勇等专家学者参与撰写评论。在采访过程中，大量专家提供了真知灼见。此书编辑过程中，陈树斌做了大量沟通和组织工作。

　　在本书编辑出版过程中，我们参考了诸多相关文献和权威观点，对一些观点、措辞进行了修订。由于水平所限，疏漏之处在所难免，敬请批评指正。